essentials

essentials liefern aktuelles Wissen in konzentrierter Form. Die Essenz dessen, worauf es als „State-of-the-Art" in der gegenwärtigen Fachdiskussion oder in der Praxis ankommt. *essentials* informieren schnell, unkompliziert und verständlich

- als Einführung in ein aktuelles Thema aus Ihrem Fachgebiet
- als Einstieg in ein für Sie noch unbekanntes Themenfeld
- als Einblick, um zum Thema mitreden zu können

Die Bücher in elektronischer und gedruckter Form bringen das Expertenwissen von Springer-Fachautoren kompakt zur Darstellung. Sie sind besonders für die Nutzung als eBook auf Tablet-PCs, eBook-Readern und Smartphones geeignet. *essentials:* Wissensbausteine aus den Wirtschafts, Sozial- und Geisteswissenschaften, aus Technik und Naturwissenschaften sowie aus Medizin, Psychologie und Gesundheitsberufen. Von renommierten Autoren aller Springer-Verlagsmarken.

Weitere Bände in der Reihe http://www.springer.com/series/13088

Patrizia Thoma

Neuropsychologie der Schizophrenie

Eine Einführung für Psychotherapeutinnen und Psychotherapeuten

Patrizia Thoma
Neuropsychologisches Therapie
Centrum, Klinische Neuropsychologie
Ruhr-Universität Bochum
Bochum, Deutschland

ISSN 2197-6708 ISSN 2197-6716 (electronic)
essentials
ISBN 978-3-658-25735-4 ISBN 978-3-658-25736-1 (eBook)
https://doi.org/10.1007/978-3-658-25736-1

Die Deutsche Nationalbibliothek verzeichnet diese Publikation in der Deutschen Nationalbibliografie; detaillierte bibliografische Daten sind im Internet über http://dnb.d-nb.de abrufbar.

Springer ist ein Imprint der eingetragenen Gesellschaft Springer Fachmedien Wiesbaden GmbH und ist ein Teil von Springer Nature
Die Anschrift der Gesellschaft ist: Abraham-Lincoln-Str. 46, 65189 Wiesbaden, Germany

Was Sie in diesem *essential* finden können

- Eine Einführung in die Epidemiologie und Ätiologie schizophrener Erkrankungen
- Einen Überblick über die neuronalen und kognitiven Veränderungen in den verschiedenen Stadien der Schizophrenie
- Neuropsychologische Modelle der neurokognitiven Grundlagen von Negativsymptomatik, Wahn, Halluzinationen und Ich-Störungen
- Einen Kurzüberblick über Behandlungsprogramme, die an den kognitiven Störungen im Rahmen der Schizophrenie ansetzen

Inhaltsverzeichnis

Einleitung

1

Rückblickend betrachtet würde Frau L.s Familie sagen, dass Frau L.s Schwierigkeiten schon nach dem zweiten Semester ihres Studiums begonnen hatten. Frau L., die immer eine gute Schülerin gewesen war, klagt damals über Konzentrationsstörungen und Motivationsprobleme. Sie fällt durch zwei wichtige Prüfungen und bricht schließlich ihr Studium ab. Sie zieht sich nach und nach immer mehr von ihren Freunden zurück und verbringt viel Zeit allein zu Hause. Eines Tages vertraut sie ihren Eltern an, dass sie eine Affäre mit einem verheirateten Mann habe, jedoch nicht über die Details dieser Beziehung sprechen könne. Es handele sich um einen berühmten Schauspieler, der ihr Liebesbotschaften über das Fernsehen und das Radio zukommen lasse. Nur sie könne diese Nachrichten entschlüsseln. Sie werde von den weiblichen Fans ihres Geliebten bedroht, die nachts bei ihr durch das Fenster steigen, um sie dazu zu bringen, die Beziehung aufzugeben. In diesem Zusammenhang höre sie oft Stimmen, die abfällig über sie sprächen oder sie auffordern, sich umzubringen. Dies ängstige sie sehr, da sie nicht wisse, woher diese Stimmen kämen. Ihre Sprache wirkt zunehmend zerfahren und ihre Erzählungen unzusammenhängend. Auf das Drängen ihrer Familie, sich in Behandlung zu begeben, reagiert Frau L. mit einem Kontaktabbruch. Offenbar seien alle Teil einer Verschwörung, die zum Ziel habe, ihre Beziehung zu sabotieren.

Das Fallbeispiel beschreibt eine junge Frau, die sich zum Schluss offenbar in einer *floriden* Phase einer schizophrenen Psychose befindet. In diesem Stadium zeigen die Betroffenen häufig sehr bizarr anmutende Symptome, die viel weiter

P. Thoma, *Neuropsychologie der Schizophrenie*, essentials,
https://doi.org/10.1007/978-3-658-25736-1_1

von der Erlebniswelt einer gesunden Person entfernt zu sein scheinen als z. B. das Empfinden eines depressiven Patienten. Wahn und Halluzinationen werden dabei als Positivsymptomatik bezeichnet. Formale Denkstörungen, wie Zerfahrenheit und Assoziationslockerung, werden von manchen Autoren als Teil der Positivsymptomatik, von anderen wiederum als eigenständiges Syndrom unter dem Begriff „Desorganisationssymptomatik" zusammengefasst. Katatone Symptome, die vorwiegend den Antrieb und die Psychomotorik betreffen und sich z. B. in Form von Stupor oder extremer Erregung, Mutismus oder dem Verharren in seltsamen Körperstellungen äußern können, treten heutzutage dank der frühen Intervention mit Antipsychotika relativ selten auf und werden im Rahmen dieses Bandes nicht näher behandelt.

Der akut-psychotischen Phase der Erkrankung geht häufig eine mehr oder weniger ausgeprägte *prodromale* Phase voraus, die sich durch die unspezifischere Negativsymptomatik, wie sozialen Rückzug und Apathie auszeichnet. Die beschriebenen Symptombereiche stehen zum Teil mit distinkten neurokognitiven Veränderungen in Zusammenhang, die in den nachfolgenden Abschnitten näher beschrieben werden sollen. Allgemein haben die Neurowissenschaften in den vergangenen Jahren eine Reihe von Erkenntnissen zutage gefördert, die uns helfen, zu verstehen, welche Faktoren an der Genese der im Rahmen schizophrener Erkrankungen auftretenden Symptomatik beteiligt sind. Außerdem tragen neurowissenschaftliche Befunde dazu bei, wirksame Behandlungsverfahren für die unterschiedlichen Symptombereiche zu entwickeln. Der Fokus dieses Bandes liegt hauptsächlich auf der Diagnostik und Behandlung der mit der Erkrankung assoziierten neurokognitiven Störungen, da diese zum Teil auch die charakteristische Psychopathologie erklären.

Epidemiologie, Ätiologie und Pathophysiologie

2

Die Schizophrenie gehört zu den häufigsten psychotischen Erkrankungen. Sie tritt weltweit mit einer Inzidenz von 0,7 % auf und gilt als wichtigste Ursache chronischer psychiatrischer Behinderung und damit assoziierter individueller und sozioökonomischer Belastungen (Wittchen et al. 2011). Frauen scheinen etwas seltener als Männer zu erkranken. Bei Männern tritt die Schizophrenie im Durchschnitt früher auf, mit einem Erkrankungsgipfel im zweiten bis dritten Lebensjahrzehnt, während Frauen häufiger im mittleren Lebensalter die erste Episode erleiden. Man diskutiert in diesem Zusammenhang einen abnehmenden Östrogenschutz im Rahmen der Menopause bei Frauen, da Östrogen mit der Funktion des dopaminergen Systems interagiert (Agius et al. 2009). Wie im weiteren Verlauf des Buches ersichtlich werden wird, spielt Dopamin im Rahmen der Pathophysiologie der Schizophrenie eine zentrale Rolle. Darüber hinaus sind bei Männern in der Regel Negativsymptomatik und kognitive Beeinträchtigungen stärker ausgeprägt als bei Frauen. Weibliche Patienten zeigen dagegen häufiger floride Symptome, weniger kognitive Beeinträchtigungen und einen eher benignen Verlauf der Erkrankung mit weniger Neigung zu Chronifizierung (Abel et al. 2010).

Bei der Schizophrenie handelt es sich um eine entwicklungsneurobiologisch determinierte Erkrankung (vgl. Piper et al. 2012, für eine ausführliche Darstellung der nachfolgend behandelten Aspekte). Dabei werden als Ursache zum einen *genetische* Faktoren diskutiert. Das Risiko, die Erkrankung selbst zu entwickeln, steigt je mehr Personen in der Herkunftsfamilie betroffen sind und je enger das Verwandtschaftsverhältnis ist, in dem man mit den Erkrankten steht. Für Verwandte ersten Grades (z. B. ein Elternteil, Geschwister) eines an Schizophrenie erkrankten Patienten steigt das Risiko z. B. um das Zehnfache an, bei zwei erkrankten Elternteilen bereits um das Zwanzig- bis Vierzigfache. Bei

P. Thoma, *Neuropsychologie der Schizophrenie,* essentials,
https://doi.org/10.1007/978-3-658-25736-1_2

eineiigen Zwillingen liegen die Konkordanzraten, also der Grad der Übereinstimmung hinsichtlich der Entwicklung einer schizophrenen Psychose, bei 50 %. Adoptionsstudien belegen, dass es sich hierbei nicht rein um Auswirkungen des Zusammenlebens mit psychotischen Personen handeln kann, was entsprechende Belastungsfaktoren impliziert. So zeigt sich, dass 11–19 % der adoptierten Kinder, bei deren leiblichen Eltern Schizophrenie diagnostiziert wurde, die Erkrankung ebenfalls entwickeln, wohingegen adoptierte Kinder mit nicht-erkrankten Eltern nur in 0–11 % der Fälle in späteren Jahren an einer schizophrenen Psychose erkranken. Generell wird jedoch angenommen, dass die genetischen Faktoren lediglich eine *Vulnerabilität* für die Entwicklung der Erkrankung bedingen. Im Sinne eines Vulnerabilitäts-Stress-Modells wird angenommen, dass zusätzliche Faktoren *(second hit)* notwendig sind, um den manifesten Ausbruch einer schizophrenen Psychose im späteren Leben zu begünstigen. Dabei kann es sich z. B. um Noxen, also Schädigungsfaktoren, handeln, die eine Störung der prä- oder perinatalen Hirnreifung verursachen. In diesem Zusammenhang wurde u. a. auf die Rolle mütterlicher viraler Infekte im zweiten Schwangerschaftsdrittel, einer kritischen Zeitspanne der Entwicklung des Zentralen Nervensystems, verwiesen. In ähnlicher Weise werden saisonale Effekte der Auftretensrate schizophrener Erkrankungen erklärt. So ergibt sich ein erhöhtes Risiko für die Entwicklung einer Schizophrenie, wenn sich die Mutter während der Wintermonate im zweiten Schwangerschaftsdrittel befand. Auch Geburtskomplikationen, wie z. B. eine Sauerstoffunterversorgung während der Geburt scheinen eine Rolle zu spielen. Fälle von Schizophrenie im Kindesalter sind jedoch sehr selten. Also manifestieren sich die Folgen der gestörten Hirnentwicklung scheinbar erst dann vollständig, wenn die Reifung frontaler Hirnareale im späten Jugendalter abgeschlossen ist.

2.1 Komorbiditäten

Affektive Störungen und Abhängigkeitserkrankungen bilden die Gruppe der häufigsten komorbiden Störungen bei Patienten mit Schizophrenie. Insbesondere das häufige gemeinsame Auftreten von psychotischen und Abhängigkeitserkrankungen ist auffällig und wird an dieser Stelle näher behandelt, da eine Reihe von Studien (z. B. Manning et al. 2007; Thoma et al. 2007; Thoma und Daum 2008) interessante Befunde zu kognitiven Auffälligkeiten dieser Doppeldiagnosegruppen und deren Beitrag zum häufigen Auftreten dieser Komorbidität belegen.

Ungefähr 50 % aller Patienten mit Schizophrenie erfüllen gleichzeitig die Kriterien für Substanzmissbrauch oder -abhängigkeit. Patienten mit dieser Doppeldiagnose sind häufiger männlich und jünger bei Krankheitsbeginn als Patienten, die nur die Diagnosekriterien für Schizophrenie erfüllen. Die Doppeldiagnose-Patienten zeigen außerdem eine stärkere depressive und eine verringerte Negativsymptomatik, eine geringere Behandlungscompliance sowie eine allgemein verminderte Lebensqualität. Außerdem sind sie deutlicher von Arbeitslosigkeit und Obdachlosigkeit betroffen und fallen stärker durch gewalttätiges Verhalten auf. Zu den am häufigsten missbrauchten Substanzen gehören Nikotin, Koffein, Alkohol, Cannabis und Kokain. Bis zu 80 % aller Patienten mit Schizophrenie rauchen, 59–70 % trinken Kaffee, 9,4 % weisen missbräuchlichen Alkoholkonsum bis hin zur Abhängigkeit auf. Alle Drogen beeinflussen letztlich die Neurotransmitter Dopamin, Glutamat und GABA, die im Rahmen der Pathophysiologie der Schizophrenie eine zentrale Rolle spielen (siehe Übersichtsartikel von Thoma und Daum 2013).

Es existieren unterschiedliche Ansätze zur Erklärung der hohen Komorbiditätsraten zwischen beiden Erkrankungsgruppen. Zu den wichtigsten zählen Vulnerabilitäts-Stress-Modelle, die „Kumulative Risikofaktoren"-Hypothese, die Selbstmedikationshypothese und das Affektregulationsmodell. Vulnerabilitäts-Stress-Modelle (Fowles 1992) gehen im Kern davon aus, dass Substanzmissbrauch im Sinne eines Umweltstressors in genetisch entsprechend prädisponierten Individuen zu einem vorzeitigen Ausbruch einer Schizophrenie führen kann. Dies wird von Daten gestützt, wonach Patienten mit einer zusätzlichen Abhängigkeitsdiagnose früher an einer schizophrenen Psychose erkranken als nicht konsumierende Patienten. Die Vertreter der „Kumulativen Risikofaktoren"-Hypothese (Mueser et al. 1998) stellen dagegen die umgekehrte Annahme auf: Sie postulieren, dass Patienten mit Schizophrenie aufgrund ihres niedrigeren sozioökonomischen Status und ihrer verminderten kognitiven Kapazitäten im Vergleich zur Allgemeinbevölkerung ein höheres Risiko für die Entwicklung einer schizophrenen Psychose tragen. Überzeugende Belege dafür fehlen bislang jedoch. Die prominente Selbstmedikationshypothese (Khantzian 1997) besagt, dass Patienten mit Schizophrenie Drogen nutzen, um insbesondere die Negativsymptomatik und ihre kognitiven Einschränkungen zu regulieren und den Nebenwirkungen der antipsychotischen Medikation entgegenzuwirken. Es existieren Belege dafür, dass die Symptomreduktion durch Substanzmissbrauch tatsächlich kurzfristig Erfolg hat. Das Modell kann jedoch nicht erklären, warum in einigen Fällen der Substanzgebrauch der Psychose vorausgehen kann. Das Affektregulationsmodell (Blanchard et al. 2000) geht dagegen davon aus, dass stabile Persönlichkeitszüge, wie eine erhöhte Impulsivität und Neurotizismus, und nicht vorübergehende Symptome, die Neigung eines Individuums bedingen, auf maladaptive Emotionsregulationsstrategien wie Substanzgebrauch, zurückzugreifen. Verwandten Ansätzen zufolge versuchen Patienten mit Schizophrenie insbesondere die Dysfunktion des Dopaminsystems durch den Drogengebrauch zu regulieren. Hier wird davon ausgegangen, dass eine pathologisch veränderte Dopamintransmission im sogenannten Belohnungssystem (Belohnungssystem) dazu führt, dass die positiven Konsequenzen des Substanzmissbrauchs überbewertet und die negativen Folgen abgewertet werden. Weiterhin postulieren einige Autoren basierend auf tierexperimentellen Studien, dass bestimmte Auffälligkeiten in temporo-limbischen Schaltkreisen (Chambers et al. 2001) sowohl die Anfälligkeit für die Entwicklung einer Abhängigkeitserkrankung als auch für die Entwicklung einer Psychose begünstigen. Insgesamt existieren empirische Belege für alle genannten Theorien. Schwierigkeiten ergeben sich v. a. für Ansätze, die eine bestimmte zeitliche Abfolge von Psychose und Abhängigkeitserkrankung voraussetzen, da diese in der Praxis nicht immer eindeutig nachvollzogen werden und außerdem individuell schwanken kann. Dies und die Tatsache, dass die neurokognitiven Leistungen der Patienten mit der Doppeldiagnose Schizophrenie/Abhängigkeit denen der nicht-abhängigen schizophrenen Patienten zum Teil sogar überlegen sind (z. B. Thoma und Daum 2008), wirft die Frage auf, ob es sich nicht vielleicht eher um grundsätzlich unterschiedliche diagnostische Entitäten handelt. Allerdings sind insbesondere die bildgebenden Befunde für den Themenbereich der Doppeldiagnose Schizophrenie/Abhängigkeit so spärlich gesät, dass hier dringend weiterer Forschungsbedarf besteht. Die möglicherweise besser erhaltenen kognitiven Funktionen bei einigen der Patienten mit der Doppeldiagnose Schizophrenie/Abhängigkeit sollten dagegen therapeutisch gezielt weiter gestärkt und genutzt werden.

▶ **Belohnungssystem** Entscheidend beteiligt an der Vermittlung positiver Emotionen wie Freude und am Zustandekommen der positiv verstärkenden Wirkung von Drogen. Dopamin ist der zentrale Neurotransmitter im Belohnungsschaltkreis, der v. a. Strukturen wie den Nucleus Accumbens, das Ventrale Tegmentale Areal, den Orbitofrontalkortex, den Gyrus Cinguli sowie die Amygdala umfasst.

Zwischenfazit

Bei der Schizophrenie handelt es sich um eine entwicklungsneurobiologische Erkrankung. Eine genetische Vulnerabilität kann dabei im komplexen Zusammenspiel mit weiteren prä-/perinatalen und im weiteren Entwicklungsverlauf auftretenden Schädigungsfaktoren zum Ausbruch der Erkrankung, meist nicht vor dem Jugendalter, führen. Am häufigsten treten komorbid affektive Störungen und Abhängigkeitserkrankungen auf.

Neurokognitive Veränderungen 3

3.1 Bedeutung kognitiver Einschränkungen

Da kognitive Veränderungen ein wesentliches Merkmal schizophrener Psychosen ausmachen, wird schon seit längerer Zeit darüber debattiert, inwiefern es sinnvoll wäre, kognitive Dysfunktionen als Diagnosekriterium in die großen Diagnosemanuale aufzunehmen (z. B. Chong 2008). Dies böte u. a. den Vorteil, praktisch tätigen Behandlern die Bedeutung kognitiver Einschränkungen bei ihren schizophrenen Patienten stärker ins Bewusstsein zu rufen. Ein solcher Effekt würde im Idealfall dazu führen, dass in der Diagnostik und Behandlung ein stärkeres Augenmerk auf die kognitiven Problembereiche gelegt werden würde. Eine weitere Hoffnung, die mit der Berücksichtigung kognitiver Auffälligkeiten als Diagnosekriterium verbunden ist, besteht im Hinblick auf differentialdiagnostische Erwägungen, z. B. hinsichtlich der besseren Abgrenzung des Störungsbildes zu affektiven Erkrankungen mit psychotischen Merkmalen. An dieser Stelle zeigt sich jedoch weiterer Forschungsbedarf. Auch wenn auf Gruppenebene viele Befunde darauf hindeuten, dass z. B. der globale Schweregrad kognitiver Beeinträchtigungen bei Patienten mit Schizophrenie am höchsten, bei Patienten mit bipolaren affektiven Störungen am zweithöchsten und bei Patienten mit unipolaren Depressionen am niedrigsten ausgeprägt ist (Harvey 2011), ist es im Einzelfall schwer möglich, aufgrund des kognitiven Befundes eine hinreichend valide diagnostische Eingruppierung in die genannten Störungskategorien vorzunehmen. Insgesamt ist es bislang nicht gelungen, eindeutige und spezifische neurokognitive Beeinträchtigungsprofile bei Patienten mit Schizophrenie oder syndromal definierten Subgruppen (z. B. solche mit überwiegender Negativsymptomatik) schizophrener Patienten auszumachen. Etwa ein Drittel der Patienten zeigt überhaupt keine kognitiven Auffälligkeiten im Vergleich

P. Thoma, *Neuropsychologie der Schizophrenie,* essentials,
https://doi.org/10.1007/978-3-658-25736-1_3

zu Normstichproben gesunder Personen, wobei unklar bleibt, inwiefern hier zumindest bei einigen Patienten auch unentdeckte Verschlechterungen gegenüber einem deutlich höheren prämorbiden Funktionsniveau eine Rolle spielen könnten. Bei einem weiteren Drittel remittieren die kognitiven Probleme in symptomfreien Phasen, während sie bei einer weiteren Untergruppe der Patienten stabil zunehmen. Die Berücksichtigung kognitiver Verlaufsmarker als Diagnosekriterium würde daher zum gegenwärtigen Zeitpunkt nicht zwingend die Heterogenität der Erkrankung reduzieren. In jedem Fall stellt das Vorhandensein kognitiver Störungen eine wesentliche Einschränkung des allgemeinen Funktionsniveaus von Patienten mit Schizophrenie dar. Kognitive Defizite sagen die Fortführung von Alltagsaktivitäten, die allgemeine Lebenszufriedenheit sowie die Fähigkeit, die schulische oder berufliche Laufbahn nach Krankheitsbeginn fortzuführen, vorher (Rajji et al. 2014).

3.2 Verlauf und Ausprägung kognitiver Einschränkungen

Bei den kognitiven Auffälligkeiten, die im Rahmen schizophrener Psychosen auftreten, handelt es sich vermutlich um Vulnerabilitätsmarker für Schizophrenie, da sie – in milderer Ausprägung – auch in prodromalen Phasen der Schizophrenie, also zum Teil lange vor Ausbruch der psychotischen Symptomatik beobachtbar sind und auch bei Personen auftreten, die ein erhöhtes Risiko für die Entwicklung einer schizophrenen Psychose aufweisen. Bei diesen recht heterogenen Risikogruppen kann es sich zum einen um biologische Verwandte schizophrener Patienten handeln, die genetisch bedingt anfälliger für die Entwicklung psychotischer Symptome sein können. Zum anderen werden darunter auch Personen gezählt, die aufgrund einer intermittierend auftretenden Positivsymptomatik (wie z. B. Stimmen hören) als klinisch vulnerabel für die Entwicklung des Vollbildes einer Schizophrenie eingestuft werden. Es gibt noch nicht genügend Befunde, die eine Differenzierung dieser Gruppen hinsichtlich ihres kognitiven Funktionsstatus erlauben. In jedem Fall scheinen diese Personen, ebenso wie Individuen mit einer manifesten schizophrenen Erkrankung, ähnliche entwicklungsneuropsychologische Auffälligkeiten zu zeigen und sich durch erhöhte Komorbiditätsraten mit Achse-I-Störungen auszuzeichnen. Ein frühes Auftreten von Negativ- und Desorganisationssymptomatik sowie neurokognitive Defizite im Allgemeinen und Beeinträchtigungen sozialer Kognitionen im Besonderen stellen hier Prädiktoren eines schlechten funktionellen Outcomes dar (vgl. Übersichtsartikel von

Cotter et al. 2014). Die Identifikation neurokognitiver Vulnerabilitätsmarker ist von großer Bedeutung, weil damit die Hoffnung verbunden ist, gefährdete Individuen früh zu identifizieren und durch rechtzeitige Interventionsstrategien – für gewöhnlich durch den Einsatz niedrig dosierter Antipsychotika und mithilfe psychosozialer Therapieansätze – die Vollausprägung der Erkrankung zu verhindern. Die Erfolgsbilanz dieser Behandlungsstrategien ist jedoch noch nicht eindeutig geklärt. Es wird empfohlen, kognitive Remediationsansätze (vgl. nachfolgende Abschnitte), die sich in der Behandlung von Patienten mit dem Vollbild der Schizophrenie als hilfreich erwiesen haben, im therapeutischen Umgang mit kognitiv beeinträchtigten Hochrisikopersonen stärker zu berücksichtigen (Cotter et al. 2014).

Bei Hochrisikoprobanden sind die kognitiven Defizite in der Regel milder ausgeprägt als bei tatsächlich erkrankten Individuen oder aber sie sind auf Verhaltensebene nicht nachweisbar. Demgegenüber steht, dass sich bei diesen Personen und auch im Prodromalstadium psychotischer Erkrankungen bereits häufig funktionelle und strukturelle Auffälligkeiten im Gehirn nachweisen lassen, die umso deutlicher ausgeprägt sind, je mehr Personen in der Familie von Auffälligkeiten betroffen sind. Diejenigen Probanden mit den größten Abweichungen tragen gemeinhin das höchste Risiko, die Erkrankung auch tatsächlich zu entwickeln. Auch wenn es Befunde gibt, die nahelegen, dass kognitive Dysfunktionen auch iatrogen als Folge langfristiger Erkrankung und damit verbundener medikamentöser Behandlung auftreten können, ist es auch erwiesen, dass kognitive Beeinträchtigungen unabhängig davon auch bei niemals medizierten, ersterkrankten Patienten mit Schizophrenie auftreten. Zudem wurden bei Risikoprobanden Beeinträchtigungen der Theory of Mind nachgewiesen, die weniger stark ausgeprägt sind als die von manifest erkrankten Patienten (Bora und Pantelis 2013).

Das Muster der kognitiven Auffälligkeiten, die in den verschiedenen Phasen schizophrener Psychosen beobachtet werden, ist über die vorhandenen Studien hinweg nicht einheitlich. Am konsistentesten werden Defizite im verbalen Gedächtnis berichtet. Die erste Episode einer Schizophrenie geht in der Regel außerdem mit einer Verschlechterung des allgemeinen kognitiven Funktionsniveaus einher. Im Rahmen florider Phasen sind die kognitiven Defizite am stärksten in den Bereichen verbales und visuelles Gedächtnis sowie Informationsverarbeitungsgeschwindigkeit ausgeprägt (Rajji et al. 2014). Es ist noch unklar, ob man die kognitiven Defizite schizophrener Patienten, wie in diesem Abschnitt erfolgt, am besten domänenspezifisch betrachtet oder aber eher von einem einzigen Konstrukt ausgeht (Dickinson et al. 2008).

Die meisten Autoren sind sich einig, dass die kognitiven Defizite bei Patienten mit Schizophrenie über die Lebensspanne hinweg relativ stabil bleiben und eher keinen progressiven Verlauf nehmen. Dies widerspricht früheren Annahmen eines progredienten Abbaus kognitiver Funktionen im Sinne einer „Dementia Praecox". Allerdings zeigen neueste Übersichtsarbeiten, dass es möglicherweise zwei kritische Zeitpunkte in der Entwicklung gibt, zu denen sich die kognitive Leistungsfähigkeit der Patient ganz entscheidend verschlechtert: Zum einen vor der ersten psychotischen Episode und zum zweiten nach dem 65. Lebensjahr (Harvey 2014). Eine gute Übersicht aktueller Befunde zum Verlauf kognitiver Störungen über die verschiedenen Krankheitsphasen hinweg in Relation zu den zugrundeliegenden neuronalen Korrelaten bieten Kelly und Kollegen (2018).

Zwischenfazit

Neurokognitive Defizite treten häufig zeitlich bereits vor Ausbruch einer psychotischen Episode und vor Beginn der Medikation auf, bleiben über die Lebensspanne mit deutlichen Verschlechterungen vor Krankheitsausbruch und nach dem 65. Lebensjahr relativ stabil und sagen die Entwicklung einer manifesten Schizophrenie bei Risikopopulationen vorher. Sie stehen mit Einschränkungen des allgemeinen Funktionsniveaus in Zusammenhang und bedürfen früher Intervention.

4 Neurokognitive Modelle der Negativsymptomatik

Zu den Negativsymptomen der Schizophrenie gehören Affektverflachung, Anhedonie, eine Verarmung der sprachlichen und non-verbalen Expressivität sowie sozialer Rückzug. Häufig gehen Negativsymptome – wie in Frau L.'s Fall – dem Ausbruch der floriden psychotischen Erkrankung voraus und bleiben lange über die akute Phase hinaus bestehen. Einige der Patienten zeichnen sich fast durchgehend durch überwiegende Negativsymptomatik aus; ein Phänomen, für das die Bezeichnung „Defizitsyndrom" geprägt wurde. Negativsymptomatik tritt nicht spezifisch im Rahmen der Schizophrenie, sondern auch bei einer Reihe von anderen psychischen (z. B. Depression) und neurologischen (z. B. Parkinson) Erkrankungen auf. Neuere Untersuchungen belegen jedoch, dass trotz einer Reihe von Überlappungen hinsichtlich der neuronalen Korrelate der Negativsymptomatik bei diesen Erkrankungen manche Veränderungen auch spezifisch für die Schizophrenie sein könnten (Millan et al. 2014).

4.1 Kognitive Beiträge

Auf kognitiver Ebene wurden Negativsymptome in erster Linie mit beeinträchtigten Sozialen Kognitionen in Verbindung gebracht, was angesichts der psychopathologischen Kennzeichen wenig überraschen wird. Bei Sozialen Kognitionen handelt es sich um ein heterogenes Konstrukt, welches Funktionen meint, die soziale Interaktionen ermöglichen. Dazu gehören basalere Fähigkeiten, wie die Emotionserkennung, sowie komplexere Funktionen, wie z. B. Empathie, gedankliche Perspektivübernahme und soziales Problemlösen. Dabei können Probleme, z. B. hinsichtlich der Fähigkeit, sich in andere hineinzuversetzen, zum einen Folge der Negativsymptome (z. B. des sozialen Rückzugs) sein, zum anderen

P. Thoma, *Neuropsychologie der Schizophrenie*, essentials,
https://doi.org/10.1007/978-3-658-25736-1_4

aber auch Ausdruck derselben (z. B. in Form einer verminderten emotionalen Expressivität). Beeinträchtigungen Sozialer Kognitionen verstärken aber auch Positivsymptome wie Paranoia, da Handlungen anderer aufgrund dessen häufig fehlinterpretiert werden. Darüber hinaus steht die Negativsymptomatik v. a. mit Störungen der Aufmerksamkeit, des Gedächtnisses sowie der Exekutivfunktionen in Zusammenhang, was angesichts der nachfolgend beschriebenen neuronalen Veränderungen in den entsprechenden Hirngebieten nachvollziehbar erscheint.

4.2 Neuronale Veränderungen

Übersichtsarbeiten (Millan et al. 2014) kommen zu dem Schluss, dass auf neuronaler Ebene in erster Linie strukturelle und funktionelle Auffälligkeiten im Präfrontalkortex und im Temporallappen der Negativsymptomatik zugrunde zu liegen scheinen. Darüber hinaus ist das Zusammenspiel zwischen diesen Regionen sowie zwischen frontalen und kortikostriatalen Anteilen des Gehirns gestört. Im Frontalhirn wurden in Zusammenhang mit der Negativsymptomatik v. a. Verminderungen der grauen Substanz im inferioren frontalen Gyrus sowie im anterioren zingulären Kortex beobachtet – Regionen, die insbesondere mit soziokognitiven Funktionen, wie dem empathischen Einfühlungsvermögen, zusammenhängen. Dies könnte die Schwierigkeiten der Patienten bezüglich der Emotionsverarbeitung und die damit verbundenen Defizite in der sozialen Interaktion erklären. In ähnlicher Weise ist auch der orbitofrontale Kortex betroffen, der insbesondere mit der Belohnungsverarbeitung assoziiert wurde. Hier scheint bei Patienten mit ausgeprägter schizophrener Negativsymptomatik auch die Kommunikation mit subkortikalen Strukturen, die mit der Belohnungsverarbeitung betraut sind, schlechter zu funktionieren als bei Gesunden. Dies erklärt möglicherweise Kernaspekte der Negativsymptomatik, nämlich Antriebslosigkeit und Anhedonie, verstanden als mangelnde Fähigkeit, sich zu potentiell belohnenden Aktivitäten zu motivieren. Dabei scheint insbesondere der antizipatorische und nicht der konsumatorische Aspekt der Belohnungsverarbeitung beeinträchtigt zu sein: Das könnte darauf hinweisen, dass die Patienten zwar Schwierigkeiten haben, sich aus ihrem eigenem Antrieb heraus zu Aktivitäten zu motivieren, diese aber nicht unbedingt als weniger belohnend erleben, wenn sie diese tatsächlich ausführen.

Im Temporallappen stehen in Zusammenhang mit der Negativsymptomatik Verminderungen der grauen Substanz temporaler Gyri wie des fusiformen Gyrus sowie des superioren temporalen Gyrus im Vordergrund. Diese Hirngebiete wurden mit der Verarbeitung von Gesichtern sowie mit der Fähigkeit zur Theory of Mind und mit Sprachfunktionen in Verbindung gebracht, was erneut die beobachteten Beeinträchtigungen Sozialer Kognitionen und der sozialen Interaktion im Rahmen der Negativsymptomatik nahelegt.

Sehr konsistent wurden in Zusammenhang mit der Negativsymptomatik auch Verminderungen der weißen Substanz in den Leitungsbahnen beobachtet, die zwischen einzelnen präfrontalen Regionen, zwischen präfrontalen Hirnarealen und anderen kortikalen Regionen (v. a. dem Temporallappen) sowie zwischen präfrontalen und subkortikalen Regionen, wie dem Striatum, vermitteln.

Auf funktioneller Ebene zeigen sich in der Regel entsprechende Minderaktivierungen der Regionen, für die auch die oben genannten strukturellen Veränderungen beschrieben wurden. Insbesondere wurde ein Zusammenhang zwischen einer dysfunktionalen Aktivierung des Default Mode Netzwerkes (Default Mode Netzwerk), unter Beteiligung des ventromedialen Präfrontalkortex, und der Negativsymptomatik berichtet. Dabei handelt es sich um ein Netzwerk aus Hirnregionen, die insbesondere unter Ruhebedingungen aktiviert werden, also dann, wenn keine spezifische Aufgabenbearbeitung durch das Gehirn erfolgen soll. Ein fehlerhaftes Einschalten des „Ruhemodus" im Gehirn könnte somit zum Teil die Antriebslosigkeit von Patienten mit Negativsymptomatik erklären.

▶ **Default Mode Netzwerk** Auch unter dem Begriff „Ruhenetzwerk" bekannt. Bezeichnet einen Verbund an Hirnregionen (u. a. Präfrontaler Kortex, Gyrus Cinguli, Precuneus und Hippocampus), die aktiv sind, während sich das Gehirn keiner spezifischen kognitiven Aufgabe zuwendet. Während der Aufgabenbearbeitung ist dieses Netzwerk deaktiviert.

Biochemisch zeigt sich bei Patienten mit überwiegender Negativsymptomatik in erster Linie eine dopaminerge Hypoaktivität in frontostriatalen Schaltkreisen. Demgegenüber steht eine dopaminerge Hyperaktivität des mesolimbischen Dopaminsystems in Zusammenhang mit der Positivsymptomatik (Kap. 5). Die beiden Systeme unterliegen einer reziproken Hemmung. Das bedeutet, dass eine verminderte Aktivität im frontostriatalen Dopaminsystem eine Enthemmung des mesolimbischen Dopaminsystems bedingt.

Zwischenfazit

In Zusammenhang mit der Negativsymptomatik stehen insbesondere strukturelle und funktionelle Veränderungen frontotemporaler und frontosubkortikaler Netzwerke im Vordergrund. Hier fallen v. a. Dysfunktionen von Hirnregionen auf, die mit der exekutiven Handlungssteuerung, der antizipatorischen Verarbeitung von belohnenden Erfahrungen sowie mit Sozialen Kognitionen in Verbindung gebracht wurden.

5 Neurokognitive Modelle der Positivsymptomatik

Die verschiedenen Unteraspekte der Positivsymptomatik, wie Wahn, Halluzinationen und Ich-Störungen scheinen hinsichtlich ihrer neurokognitiven Genese deutlich heterogener zu sein als die einzelnen Symptome, die dem Negativsyndrom zugeordnet sind, und werden daher nachfolgend getrennt voneinander behandelt. Im Hinblick auf die neurobiologischen Korrelate erweist es sich hierbei jedoch als problematisch, dass insbesondere strukturelle aber auch funktionelle Studien häufig lediglich von Zusammenhängen mit der Positivsymptomatik im Allgemeinen berichten. Dies reduziert die Anzahl der Untersuchungen, deren Ergebnisse eine präzisere Differenzierung zwischen den neuronalen Korrelaten von Wahn, Halluzinationen und Ich-Störungen erlauben.

5.1 Wahn

Definitionsgemäß handelt es sich beim Wahn um objektiv „unzutreffende" Überzeugungen, die im Normalfall nicht von anderen Personen geteilt werden und an denen von den Betroffenen trotz gegenteiliger Beweise hartnäckig festgehalten wird. Frau L. im obigen Fallbeispiel scheint z. B. objektiv widerlegbar an der Wahnvorstellung zu leiden, mit einem berühmten Schauspieler liiert zu sein. Eine Reihe von Befunden deutet darauf hin, dass das zentrale neurokognitive Defizit, das zur Wahnbildung beitragen könnte, in einer beeinträchtigten Verarbeitung von Kontextinformationen (Barch und Ceaser 2012) besteht. Das bedeutet, dass Patienten mit Schizophrenie schlechter als gesunde Personen dazu in der Lage sind, Informationen aus ihrer Umwelt dafür zu nutzen, aktuelle Erlebnisse valide in Bezug zu ihrer eigenen Person zu interpretieren. Des Weiteren können sie die gezogenen Schlussfolgerungen weniger gut vor dem Hintergrund gespeicherter

P. Thoma, *Neuropsychologie der Schizophrenie,* essentials,
https://doi.org/10.1007/978-3-658-25736-1_5

Erfahrungen auf Plausibilität überprüfen (z. B. „Ist es vor dem Hintergrund meiner Erlebnisse mit meinem Nachbarn in der Vergangenheit tatsächlich wahrscheinlich, dass er mir übel mitspielen möchte?"). Weiter unten werden wir uns der Frage widmen, welche neuropathologischen Veränderungen möglicherweise hierfür verantwortlich sind. Auf kognitiver Ebene tragen verschiedene Aspekte einer veränderten Informationsverarbeitung zu diesen Schwierigkeiten bei. Diese Faktoren sollen nachfolgend näher vorgestellt werden.

5.1.1 Kognitive Grundlagen

Ungünstige Entscheidungsheuristiken

Patienten, die anfälliger dafür sind, Wahnsymptomatik zu entwickeln, neigen dazu, aufgrund einer unzureichenden oder nicht eindeutigen Informationsbasis voreilig Entscheidungen zu treffen. Diese kognitive Verzerrung bezeichnet man als voreiliges Schlussfolgern oder mit dem englischen Fachbegriff *Jumping to Conclusions*. Alternative Informationen oder Erklärungen werden nicht gesucht oder nicht in Betracht gezogen. Voreiliges Schlussfolgern begünstigt nachweislich die Ausbildung und Systematisierung von Wahngedanken, an denen trotz gegenteiliger Evidenz festgehalten wird. Experimentell wird diese gut untersuchte, dysfunktionale, kognitive Verarbeitungstendenz häufig mit einer probabilistischen Entscheidungsaufgabe, dem sogenannten „Murmel"-Paradigma, untersucht. Den Probanden werden üblicherweise zwei Gefäße mit Murmeln unterschiedlicher Farbschattierungen (z. B. rot und blau) gezeigt. Die beiden Gefäße unterscheiden sich bezüglich der Anteile der Murmeln in den beiden Farben. Während z. B. das erste Gefäß 85 % rote und 15 % blaue Murmeln enthält, verhält es sich beim zweiten Gefäß genau umgekehrt. Nacheinander werden nun – der Sicht der Probanden verborgen – Murmeln aus nur einem der beiden Gefäße gezogen. Die Aufgabe der Teilnehmer besteht darin, zu irgendeinem Zeitpunkt eine Entscheidung darüber zu treffen, aus welchem der beiden Gefäße die Murmeln wahrscheinlich gezogen wurden. Typischerweise legen sich Patienten mit Schizophrenie und Wahnsymptomatik deutlich früher, also nach einer geringeren Anzahl von gezogenen Murmeln, auf eines der beiden Gefäße fest. Von voreiligem Schlussfolgern spricht man, wenn in diesem Paradigma eine Entscheidung bereits nach ein bis zwei Zügen getroffen wird. In milderer Ausprägung besteht diese Tendenz bei den Betroffenen auch in Zeiten der Remission fort. Es ist nicht ganz klar, welcher kognitive Mechanismus genau zum voreiligen Schlussfolgern führt. In jedem Fall scheinen Beeinträchtigungen des Arbeitsgedächtnisses sowie eine erhöhte Ängstlichkeit diese kognitive

Verarbeitungstendenz zu verstärken (Freeman und Garety 2014). Darüber hinaus wurden Defizite der kognitiven Verarbeitungsgeschwindigkeit und der kognitiven Flexibilität zum voreiligen Schlussfolgern in Bezug gesetzt (Ochoa et al. 2014). Dies verdeutlicht wiederum, warum die Behandlung kognitiver Leistungseinbußen auch entscheidenden Einfluss auf die charakteristische Psychopathologie einer psychischen Erkrankung haben kann. Zusätzlich scheinen an Schizophrenie erkrankte Patienten eine liberalere Akzeptanzschwelle für Interpretationen zu haben, die von Gesunden schnell als absurd zurückgewiesen werden. Dies hängt möglicherweise auch mit einer relativ geringen Toleranz für unklare Situationen zusammen. Das bedeutet, dass lieber eine absurde Interpretation akzeptiert wird, als eine Situation nicht eindeutig klären zu können. Die empirische Beweislage hierzu ist jedoch inkonsistent.

Übersteigertes Vertrauen in eigene Erinnerungen

Eine weitere kognitive Verzerrung, die zur Ausbildung von Wahninhalten beiträgt, bezieht sich auf das Abrufen fehlerhafter Erinnerungen in Kombination mit einer übersteigerten Tendenz, diese Erinnerungen auch für real zu halten. Dabei ist nicht die Gedächtnisbeeinträchtigung an sich oder aber die Tendenz, falsche Erinnerungen zu produzieren, entscheidend. Vielmehr ist es das verminderte metakognitive Bewusstsein um die eigene Fehlbarkeit der Erinnerungen, die sowohl schizophrene als auch gesunde Individuen dafür prädisponiert, falsche Glaubenssysteme auszubilden. Die übersteigerte Sicherheit, mit der eigene Erinnerungen für real gehalten werden, hängt dabei unter Umständen mit dem gerade beschriebenen voreiligen Schlussfolgern zusammen (Übersicht bei Moritz und Woodward 2006).

Affektive Verzerrungen, niedriges Selbstwertgefühl und ungünstige Attributionsstile

Diejenigen Theorien, die Emotionen in den Vordergrund ihrer Erklärungsmodelle stellen, beziehen sich hauptsächlich auf Verfolgungswahn. Die zentrale Idee von Ansätzen, die Verfolgungsideen als Abwehrmechanismus sehen, besteht darin, dass Personen, die zur Wahnausbildung neigen, über ein niedriges Selbstbewusstsein verfügen. Um sich selbst vor den damit verbundenen negativen Emotionen zu schützen, verdrängen sie dies jedoch und attribuieren negative Ereignisse stattdessen auf die Feindseligkeit anderer Personen. Insofern spielen möglicherweise auch selbstwertdienliche Attributionsmuster eine Rolle bei der Genese von Wahn. Dies funktioniert jedoch nicht immer, so dass Fluktuationen im Selbstbewusstsein der Betroffenen möglich sind (Bentall et al. 2008), was erklären würde, warum entsprechende Studien nicht konsistent ein besseres Selbstwertgefühl hoch wahnhafter Patienten belegen können. Insgesamt deuten die Befunde darauf hin, dass tatsächlich ein Zusammenhang zwischen negativem Selbstbewusstsein und der Ausbildung von Verfolgungsideen besteht, inwiefern jedoch Verdrängung und Abwehrmechanismen eine Rolle dabei spielen, ist unklar und auch schwierig empirisch zu belegen. Andere Ansätze sehen jedoch in Wahngedanken einen direkten Ausdruck einer depressiven Stimmungslage und erhöhter Ängstlichkeit, ohne dass Verdrängungsmechanismen dabei eine Rolle spielen müssen.

Veränderungen der „Theory of Mind“

Chris Frith, einer der führenden Schizophrenieforscher, war der erste, der 1992 vorschlug, dass eine beeinträchtigte Fähigkeit, sich mental in andere Personen hineinzuversetzen zur Ausbildung von Wahngedanken beitragen könne. Insbesondere sei dieses Defizit prädisponierend für Verfolgungswahn. Übersichtsarbeiten wie die von Freeman und Garety (2014) kommen jedoch zu dem Schluss, dass die Mehrheit der vorliegenden Studien keine Verbindung zwischen Positivsymptomatik und Störungen der Theory of Mind stütze. Vielmehr sei ein Zusammenhang zwischen Negativsymptomatik und Beeinträchtigungen der Fähigkeit zum Mentalisieren gut belegt, der vermeintlich durch allgemeine Beeinträchtigungen neurokognitiver Leistungen vermittelt werde. Möglicherweise ist speziell für die Positivsymptomatik auch eher ein „Hypermentalisieren“ verantwortlich, welches nach sich zieht, dass die Patienten anderen Personen auch dann mentale Zustände zuschreiben, wenn dies möglicherweise gar nicht angebracht ist. So deuten z. B. einige Studien darauf hin, dass Patienten mit Schizophrenie selbst in Reaktion auf neutrale Gesichter erhöhte Aktivierungen in Hirnregionen zeigen, die für die Emotionsverarbeitung zuständig sind (Lopez-Ibor et al. 2008; Mier et al. 2010). Auch scheinen sie animierten geometrischen Figuren deutlich schneller als gesunde Probanden mentale Zustände und Absichten zu unterstellen (Blakemore et al. 2003).

5.1.2 Neurobiologische Grundlagen

Die wichtigsten Theorien zur Erklärung der neurobiologischen Grundlagen wahnhaften Erlebens nehmen das Vorliegen einer entwicklungspsychologisch früh auftretenden gestörten Kommunikation zwischen frontalen und limbischen Anteilen des Gehirns an (Murray und Lewis 1987; Weinberger 1987). Eine Reihe von Befunden deutet beispielsweise auf veränderte Volumina und eine verminderte funktionale Konnektivität frontolimbischer Regionen bei Patienten mit Schizophrenie hin (siehe Übersicht bei Pankow et al. 2012). Diese tritt insbesondere nach der Pubertät offen zutage, wenn das Frontalhirn bei gesunden Menschen normalerweise weitere Meilensteine in seiner Entwicklung erreichen sollte. Dies bedeutet, dass bei Patienten mit Schizophrenie diejenigen Hirnanteile, die für die exekutive Handlungssteuerung und für Plausibilitäts- und Realitätsüberprüfungen zuständig sind (Frontalhirn) unzureichend mit denjenigen kommunizieren, die Gedächtnisfunktionen (Temporallappen) vermitteln (Thoresen et al. 2014). Das hat zur Folge, dass Patienten mit Schizophrenie weniger gut dazu in der Lage sind, zu überprüfen, inwiefern Schlussfolgerungen über aktuelle Erfahrungen mit ihrer Umwelt vor dem Hintergrund vergangener Erlebnisse überhaupt plausibel sind. In diesem Zusammenhang spricht man von einer beeinträchtigten Realitätsprüfung bzw. von gestörtem Selbstmonitoring.

Biochemisch zeigt sich bei Patienten mit Wahnsymptomatik vorrangig eine Überaktivität des Neurotransmitters Dopamin im mesolimbischen Dopaminsystem. Bei Dopamin handelt es sich um einen Botenstoff, der u. a. dafür verantwortlich ist, zu signalisieren, welche Reize in unserer Umwelt, besonders „salient" sind, also unmittelbar die Aufmerksamkeit auf sich ziehen sollten. Vor dem Hintergrund einer lang anhaltenden, *tonischen* Grundaktivität des Dopaminsystems, kommt es dabei zu *phasischen* Aktivitätserhöhungen, die markieren, welche Umweltereignisse eine vorrangige Bedeutung besitzen und/oder nicht den Erwartungen des Individuums entsprechen. In letzterem Fall spricht man von einem Vorhersagefehler *(Prediction Error)*. Die erhöhte phasische Aktivität auf solche unvorhergesehenen, salienten Ereignisse nimmt wieder ab, wenn deutlich wird, dass sich das Unvorhergesehene zum Normalfall entwickelt (z. B. wenn das anfängliche Lob durch den frisch verliebten Partner für jedes neue Outfit irgendwann dauerhaft ausbleibt…). Das bedeutet aber auch, dass eine chronische Überaktivierung dieses Systems, gerade in den Hirngebieten, die für die Verarbeitung von Emotionen und die Gedächtnisbildung zuständig sind, dazu beitragen kann, dass wir Reize als bedeutsam für uns einstufen, obwohl sie es gar nicht sind. In dem Fall kann zwischen relevanten und irrelevanten Reizen auch nicht mehr unterschieden werden. Diese Annahme ist unter der Bezeichnung „Salienz-Attributions-Hypothese" bekannt geworden. Dies passt zu der Tendenz schizophrener Patienten, sämtliche Informationen in ihrer Umgebung als für sie persönlich wichtig (z. B. Frau L.: „Mein Geliebter schickt mir Botschaften übers Radio") zu erachten.

In einer EEG-Studie von Debruille et al. (2007) konnte belegt werden, dass Patienten mit stärker ausgeprägter Wahnsymptomatik generell Schwierigkeiten damit haben zu überprüfen, inwiefern Informationen in einem gegebenen Kontext überhaupt stimmig sind. Bei der N400-Komponente handelt es sich um ein negatives ereigniskorreliertes Potential im Elektroenzephalogramm, dessen

Amplitude umso höher ausfällt, je stärker eine Information von einem erwarteten Bedeutungskontext abweicht. Die Komponente wird in der Regel hervorgerufen, indem die Probanden Sätze dargeboten bekommen, an deren Schluss unerwartete Informationen präsentiert werden. So würde das letzte Wort des Satzes „Die Pizza war zu heiß zum Weinen" eine höhere N400-Amplitude hervorrufen als das letzte Wort des Satzes „Die Pizza war zu heiß zum Essen." Bei hoch wahnhaften Patienten mit Schizophrenie im Vergleich zu Patienten mit niedrig ausgeprägter Wahnsymptomatik fällt diese Modulierung der N400-Komponente durch nicht-erwartungskonforme Satzteile deutlich geringer aus. Dies gilt auch für Sätze, deren Bedeutung überhaupt nicht mit der Wahnthematik zusammenhängt und spricht somit für einen generellen Verarbeitungsbias. Das könnte als weiterer Beleg dafür interpretiert werden, dass eine verminderte Fähigkeit, Umweltinformationen auf kontextuelle Passung zu überprüfen, zur Ausbildung von Wahninhalten beitragen kann.

Zwischenfazit

Die Ausbildung von Wahn wird auf kognitiver Ebene v. a. durch voreiliges Schlussfolgern und eine umfassende Beeinträchtigung der Verarbeitung von Kontextinformationen begünstigt. Neurobiologisch liegt dem eine dopaminerge Hyperaktivität im mesolimbischen Dopaminsystem sowie eine gestörte frontotemporale Kommunikation zugrunde. So können relevante Reize nicht mehr zuverlässig von irrelevanten Reizen unterschieden werden und aktuelle Erfahrungen können nicht vor dem Hintergrund vergangener Erlebnisse auf Plausibilität geprüft werden.

5.2 Halluzinationen

Halluzinationen beschreiben Sinneswahrnehmungen, die subjektiv als real erlebt werden, obwohl ihnen kein äußerer Reiz zugrunde liegt. Am häufigsten treten auditiv-verbale Halluzinationen (AVH) auf, die u. a. deswegen auch am besten untersucht sind. Die Untersuchung von halluzinierenden Patienten mithilfe funktioneller Bildgebung stellt Wissenschaftler vor besondere Herausforderungen, da die Patienten zuverlässig und am besten wiederholt im Scanner halluzinieren müssen. Daher existieren relativ wenige Studien, die dieses Phänomen mithilfe der funktionellen Magnetresonanztomografie untersuchen. Für die im Rahmen schizophrener Psychosen auftretenden AVH ist charakteristisch, dass es sich häufig um dialogisierende, kommentierende oder imperative Stimmen handelt. In Frau L.'s Fall unterhalten sich die Stimmen über sie und geben ihr die Anweisung, sich umzubringen.

Bentall (1990, 2006) hat mehrere Faktoren benannt, die für die Entwicklung von Halluzinationen prädisponieren können. Dazu gehören u. a. eine genetische Vulnerabilität, psychischer Stress sowie bestimmte Umgebungsfaktoren (z. B. eine sensorische Deprivation). Daneben spielen spezifische kognitive Verarbeitungsmechanismen eine Rolle. Auf konzeptuell-theoretischer Ebene dominiert ein neurowissenschaftliches Erklärungsmodell, das die AVH als fehlattribuierte innere Sprache auffasst. Dieser Ansatz betont die Rolle von top-down Prozessen wie der Selbst-/bzw. Quellenüberwachung, die uns helfen, zu unterscheiden, ob unsere aktuellen inneren Verarbeitungsprozesse sich auf durch uns selbst generierte Erfahrungen (wie z. B. innere Sprache, sprachlich kodierte Erinnerungen oder verbal kodierte Vorstellungsinhalte) oder auf von außen kommende Ereignisse (wie z. B. gesprochene Sprache) beziehen. Der zweite, empirisch weniger gut untermauerte Ansatz, verweist auf erhöhte neuronale Spontanaktivierungen in Zusammenhang mit AVH. Im Nachfolgenden sollen die beiden Ansätze näher vorgestellt werden.

5.2.1 Theorien defizitärer Selbstüberwachung und gestörter Handlungsvorhersage

Eine Variante der Theorien defizitärer Selbstüberwachung postuliert, dass verbal halluzinierende Patienten *innere Sprache* fälschlicherweise als von außen kommend erleben. Bei innerer Sprache handelt es sich um ein alltägliches Phänomen, das auftritt, wenn unsere Gedanken innerlich verbalisiert und bewusst werden. Vielfältige Befunde deuten darauf hin, dass dieses innere Sprechen tatsächlich auch mit subvokalen Artikulationen einhergeht, also mit einer Verwendung des motorischen Sprechapparates ohne echte Vokalisationen. So wurde z. B. gezeigt, dass ähnliche motorische Aktivität beim subvokalen Sprechen und bei AVH auftritt. Außerdem scheint die Mehrheit der AVH unterbrochen zu werden, wenn Probanden ihren Mund weit aufmachen und so die subvokalen Artikulationen unterbunden werden.

Auf Basis der Annahme, dass es sich beim inneren Sprechen um einen motorischen Akt handelt, werden *Feedforward-Modelle* motorischer Kontrolle hinzugezogen, um das Auftreten verbaler Halluzinationen zu erklären (z. B. Frith et al. 2000). Es bestehen Hinweise darauf, dass bei Patienten mit Schizophrenie nun der Mechanismus defekt ist, der intendierte Bewegungen vorhersagt und nach Ausführung als selbst geplant erkennt. Im Wesentlichen nutzen wir den Abgleich zwischen von uns geplanten Handlungen und den sensorischen Konsequenzen der von uns tatsächlich ausgeführten Handlungen, um Ereignisse in unserer Umwelt uns selbst zuzuschreiben bzw. bei Fehlen eines entsprechenden vorab generierten Bewegungsplans zu erkennen, dass es von außen gesteuerte Bewegungen sind. Das Modell geht davon aus, dass im Frontalhirn zunächst die Intention, eine bestimme motorische Handlung auszuführen, generiert wird. In den prämotorischen Arealen des Frontalhirns wird dieser Bewegungsplan in konkrete motorische Handlungsanweisungen übersetzt (z. B. die Ansteuerung bestimmter Muskelgruppen). Dieser Bewegungsplan wird als sogenannte *Efferenzkopie* an den Parietallappen geschickt. Kommt es nun zur Ausführung der geplanten Bewegungen, erzeugt dies ein spezifisches Muster sensomotorischer Rückmeldungen (z. B. bestimmte Empfindungen in den Muskeln und Gelenken). Das Feedback, welches durch die Bewegungsausführung entsteht, wird mit der im Parietallappen abgelegten Efferenzkopie abgeglichen *(Reafferenz)*. Dieser Mechanismus ist sinnvoll, um eine schnelle Korrektur der ausgeführten Handlungen zu ermöglichen. Gleichzeitig wird die Wahrnehmung der sensorischen Empfindungen, die mit selbstgesteuerten Handlungen einhergehen, runterreguliert. Auf diese Weise kann man auch erklären, warum es schlecht möglich ist, sich selbst zu kitzeln. Die gestörte Vorhersage geplanter Handlungen scheint dieser Logik folgend nicht nur für die Entstehung von Halluzinationen eine Rolle zu spielen, sondern auch für die Genese von Ich-Störungen (Abschn. 5.3), insbesondere für das für Schizophrenie relativ charakteristische Empfinden, von außen ferngesteuert zu werden.

5.2.2 Erhöhte Spontanaktivierungen

Untersuchungen belegen, dass beim Halluzinieren diejenigen primären Sinnesareale aktiv sind, die auch während der Verarbeitung der entsprechenden Sinnesmodalität zuständig sind. Ein theoretischer Erklärungsansatz geht hier davon aus, dass intrusive Kognitionen die Basis von Halluzinationen bilden. Auf neuronaler Ebene könnte eine erhöhte Spontanaktivierung in Hirngebieten, die für die auditive Repräsentation von Stimmen und/oder für deren Gedächtnisrepräsentationen zuständig sind, zum Auftreten von AVH beitragen. Das bedeutet im Grunde, dass Spontanentladungen in diesen Hirngebieten das Auftreten von AVH begünstigen (Cho und Wu 2013). Tatsächlich konnte belegt werden, dass Patienten mit Schizophrenie stimmensensitive Regionen entlang des Superioren Temporalen Sulcus und Superioren Temporalen Gyrus im Auditiven Kortex aktivieren, während sie AVH erleben. Eine verstärkte Aktivierung dieser Hirnregionen im Vergleich zu gesunden Kontrollpersonen konnte sogar während Episoden von Stille verzeichnet werden. Gleichzeitig zeigten diese Patienten in solchen Regionen verminderte Signale, welche die Aktivität dieser Hirngebiete vorhersagten (Horga et al. 2014), was zu den zuvor vorgestellten Theorien der gestörten Handlungsvorhersage passt. Ein Beleg für die Theorie, dass AVH auf einer erhöhten neuronalen Spontanaktivierung beruhen, leitet sich z. B. aus dem Befund ab, dass halluzinierende Patienten gegenüber gesunden Kontrollpersonen die verstärkte Tendenz zeigen, in weißem Rauschen Stimmen zu identifizieren.

5.2.3 Ein integratives kognitives Modell der AVH

Waters und Kollegen (2012) haben auf Basis verwandter theoretischer Ansätze und der aktuellsten Befunde zu diesem Thema ein kognitives Modell der AVH bei Patienten mit Schizophrenie vorgeschlagen. Dieses umfasst zum einen *bottom-up* Prozesse, die in aberranten Aktivierungen funktionaler Netzwerke um den auditorischen Kortex resultieren. Diese können sowohl durch umweltbedingte als auch durch internale (z. B. psychischer Stress) Faktoren ausgelöst werden. Wenn sie die Wahrnehmungsschwelle überschreiten, werden sie vermutlich als unerwartet intensive (hypersaliente) sensorische Stimulation wahrgenommen, was teilweise erklären mag, warum diese Signale als von außen kommend fehlattribuiert werden. Bestimmte auditive Signale (z. B. verbale Erinnerungen, innere Sprache) mögen dabei eine höhere Wahrscheinlichkeit haben, als AVH wahrgenommen zu werden, was den verbalen Charakter der meisten AVH erklären könnte. Zusätzlich determinieren *top-down* Prozesse die Form, den Inhalt und die Bedeutung der AVH. Verschiedene Aufmerksamkeitsmodi, exekutive Kontrollprozesse, frühere Erfahrungen und Gedächtnisrepräsentationen sowie emotionale Zustände bestimmen die Form und den Inhalt. Dabei könnte bei den Patienten zunächst durch fehlerhafte Prozesse der Signalentdeckung eine erhöhte Tendenz bestehen, auditive Reize in der Umwelt wahrzunehmen und diese für real zu halten. Zum zweiten könnte eine fehlerhafte kognitive Inhibition dazu beitragen, dass solche aberranten Signale nicht angemessen unterdrückt werden. Nach einiger Zeit könnten entsprechende Erwartungen und eine ängstliche Hypervigilanz dafür sorgen, dass sich solche Erfahrungen wiederholen und noch bereitwilliger als real akzeptiert werden. Der genaue Inhalt der AVH wird nach Ansicht der Autoren durch Faktoren wie frühere Erfahrungen/Wissen, perzeptuelle Erwartungen und bildliche Vorstellungsinhalte geprägt. Die Bedeutung, die die jeweilige AVH für die Person hat, soll schließlich durch zustandsabhängige (z. B. momentane Erregung) und dispositionsabhängige (z. B. generelles Temperament) Charakteristika des Individuums bestimmt werden. Bei Patienten mit Schizophrenie kommen hier insbesondere Faktoren wie eine negative Stimmung und verminderter Selbstwert, ungünstige Annahmen über die Welt und eine verminderte Einsichtsfähigkeit zum Tragen. Der Unterschied zwischen verbalen und non-verbalen Halluzinationen wird in dem Modell durch unterschiedliche Aktivierungen innerhalb des ventralen „Was“-Verarbeitungspfades erklärt, welcher im inferioren frontalen Kortex und in den temporalen auditiven Kortizes die Identität eines Geräusches bestimmt. Die Lokalisierung der AVH als von innen oder außen kommend mag dagegen durch Aktivierungen an unterschiedlichen Stellen des dorsalen „Wo“-Pfades erklärbar sein. Eine neuronale Aktivität im Planum Temporale mit Projektion zum inferioren parietalen Kortex wird vermutlich zu einer externalen Geräuschlokalisierung führen. Eine aktuelle Übersicht von Hughdahl und Sommer (2018) behandelt zusätzlich die Rolle genetischer, molekularer und transmitterabhängiger Faktoren bei der Genese von AVHs. Abb. 5.1 illustriert das Modell.

Zwischenfazit

Eine Kombination aus mehreren Faktoren ist nach gegenwärtigem Stand an der Genese von AVH beteiligt. Dazu gehören bottom-up Prozesse, wie aberrante Spontanaktivierungen in sensorischen Kortizes, sowie top-down Prozesse, wie exekutive Kontrollmechanismen, Gedächtnisinhalte, emotionale Prozesse und persönliche Charakteristika der Patienten, die Form, Inhalt und Bedeutung der AVH determinieren.

5.3 Ich-Störungen

Zu den Ich-Störungen, die im Rahmen schizophrener Psychosen typischerweise auftreten, zählt das Gefühl, dass die eigenen Gedanken und Bewegungen von außen ferngesteuert werden. Schneider (1938) sprach hier von den besonders charakteristischen Symptomen ersten Ranges. Beispielsweise haben Patienten den Eindruck, dass ihnen „fremde“ Gedanken eingegeben werden, die nicht ihre eigenen sind. Einige beschreiben diese Erfahrung so, als stelle ihr eigener Geist nur eine Projektionsfläche für die Gedankengänge anderer Personen, die sie zum Teil auch benennen können, dar. Andere Patienten fühlen sich, als seien sie nicht mehr Herr über ihre eigenen Bewegungen und als würden diese z. B. von Außerirdischen kontrolliert. Der vorliegende Abschnitt konzentriert sich auf die neuropsychologischen Ansätze, die diese spezielle Form der Ich-Störung erklären könnten.

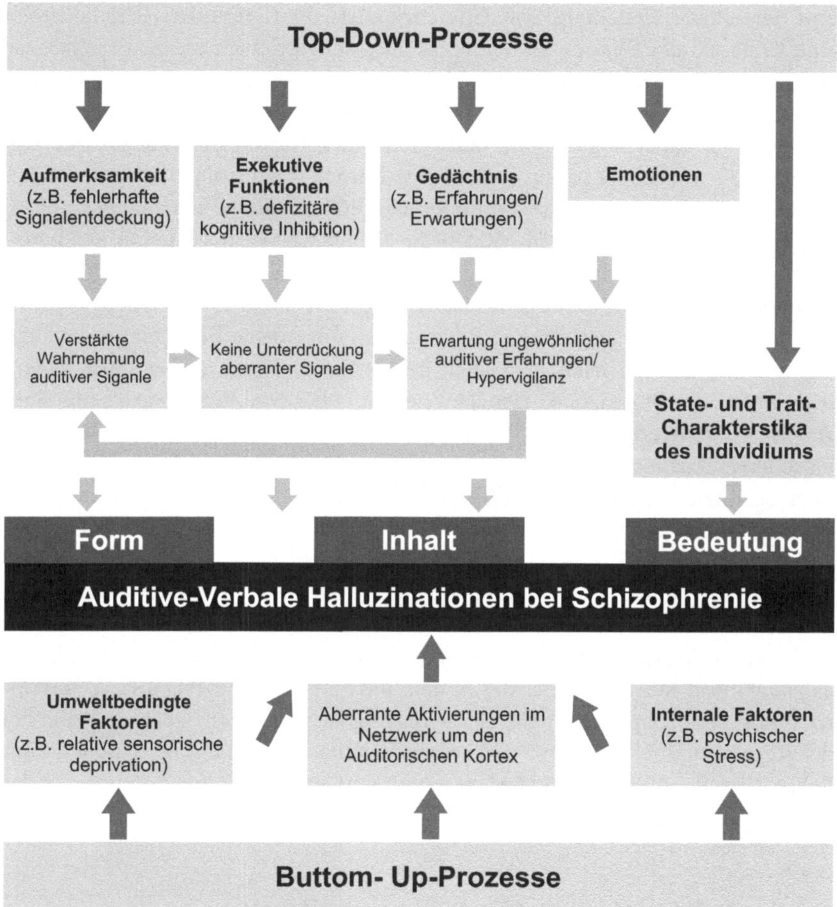

Abb. 5.1 Kognitives Modell auditiv-verbaler Halluzinationen nach Waters et al. (2012)

5.3.1 Modelle der gestörten Vorhersage intendierter Bewegungen

Die am weitesten verbreitete Erklärung für Ich-Störungen bezieht sich auf die in Zusammenhang mit AVHs bereits beschriebenen Störungen der Vorhersage intendierter Bewegungsabläufe. Diese Modelle gehen davon aus, dass insbesondere eine fehlerhafte Erstellung von Efferenzkopien im (inferioren) Parietallappen eine Rolle bei der Genese des Fremdbeeinflussungserlebens spielt. Dies hat zur Folge, dass die programmierten Bewegungsabläufe vor ihrer Ausführung von den motorischen Arealen im Präfrontalkortex nicht im Parietallappen abgelegt werden und nicht für einen Abgleich mit den bereits ausgeführten Bewegungen zur Verfügung stehen. Darüber hinaus findet keine Herunterregulierung der sensorischen Empfindungen statt, die mit selbstinitiiert ausgeführten Bewegungen einhergehen. Insgesamt führen laut diesem Modell die mangelnde Repräsentation der intendierten und programmierten Bewegungsabläufe sowie die fehlende sensorische Inhibition während der Bewegungsausführung bei den Patienten zu dem Schluss, dass es sich bei den ausgeführten Bewegungen um fremde Bewegungen handeln muss. Diese Illusion kann man auch bei gesunden Menschen erzielen, indem man ihnen z. B. ihre eigenen Handbewegungen über eine Videokamera mit einer gewissen Verzögerung zurückmeldet, so dass eine Diskrepanz zwischen dem visuellen und dem sensorischen Feedback der ausgeführten Bewegungen entsteht. In einer Studie von Blakemore, Oakley und Frith (2003) ging das hypnotisch suggerierte Fremdbeeinflussungserleben dabei mit einer erhöhten Aktivierung des Parietalkortex und des Zerebellums im Vergleich zu normalen selbstgenerierten Bewegungen einher. Dies untermauert die Rolle des Parietalkortex hinsichtlich der Feststellung der Urheberschaft von Handlungen, die inzwischen in einer Reihe von Untersuchungen belegt wurde (z. B. Chambon et al. 2014). Auch gibt es zunehmend mehr Befunde, die zeigen, dass parietale Regionen (v. a. inferiorer und superiorer parietaler Gyrus, Gyrus angularis), die eine zentrale Rolle bei der Repräsentation des Selbst und seiner Handlungen spielen, bei Patienten mit Schizophrenie auffällig verändert sind (vgl. Guo et al. 2014 für Befunde aus der funktionellen Bildgebung).

5.3.2 Rolle exekutiver Kontrollmechanismen

Einige Studien belegen, dass im Rahmen der Schizophrenie möglicherweise bereits die Repräsentation und Auswahl von Handlungsoptionen im dorsolateralen Präfrontalkortex gestört ist. Das bedeutet, dass die Patienten keine klaren Vorstellungen über die von ihnen beabsichtigten Handlungen herausbilden können und dadurch ausgeführte Handlungen als „fremd“ erlebt werden. Das Erreichen eines als „geplant“ repräsentierten Handlungsziels löst dagegen ein Gefühl des „selbst erzeugten“ aus. Behrendt (2004) führt in seinem Modell der Ich-Störungen an, dass bei Patienten mit Schizophrenie zusätzlich die Inhibition von Handlungstendenzen misslingt, die für einen gegebenen motivationalen

Status irrelevant oder dysfunktional sind (Will man z. B. einer Vorlesung adäquat folgen, sollte man nicht gleichzeitig bei Facebook surfen.). Diese unzureichende Hemmung unangemessener Handlungstendenzen könnte mit einer Unteraktivierung des dorsolateralen Präfrontalkortex zusammenhängen. Gleichzeitig wird die Schwelle für die Auswahl von Handlungsoptionen, die tatsächlich zur Handlungsausführung gelangen, gesenkt, was in Behrendts Modell auf eine dopaminerge Überaktivierung thallamo-kortikaler Netzwerke zurückgeführt wird.

Zwischenfazit

Sowohl eine mangelnde Repräsentation von Handlungen und Handlungsoptionen im Frontalhirn als auch eine fehlerhafte Vorhersage intendierter Handlungen durch gestörte Efferenzkopiesignale im Parietallappen werden nach gegenwärtigem Stand der Dinge mit Ich-Störungen im Rahmen schizophrener Psychosen in Verbindung gebracht.

Diagnostik und Therapie kognitiver Störungen 6

6.1 Diagnostik

In den letzten Jahren wurden internationale Leitlinien und standardisierte Testbatterien veröffentlicht, die für die Diagnostik kognitiver Einschränkungen bei Patienten mit Schizophrenie empfohlen werden. Die Entwicklung solcher psychometrisch reliablen, validen und objektiven Instrumente, die einheitlich eingesetzt werden können, unterstützt die Optimierung von Behandlungen für Erkrankungen aus dem schizophrenen Formenkreis. Häufig werden diese Testbatterien im Rahmen von Studien zur Untersuchung der Effektivität neuer Antipsychotika eingesetzt. Als ein Beispiel für eine solche Testbatterie soll an dieser Stelle die vom U.S.-amerikanischen National Institute of Mental Health entwickelte NIMH-MATRICS Consensus Cognitive Battery (MCCB) genannt werden. Die Abkürzung MATRICS steht dabei für „Measurement and Treatment Research to Improve Cognition in Schizophrenia". Die wünschenswerten Charakteristika einer solchen Testbatterie wurden durch eine Vorabbefragung von internationalen Experten verschiedener Disziplinen (Wissenschaftler, klinische Behandler, Pharmazeuten etc.) für die Diagnostik und Behandlung von Schizophrenie bestimmt. Darüber hinaus wurden alle verfügbaren faktorenanalytischen Ergebnisse bezüglich der Frage berücksichtigt, welche kognitiven Funktionen bei Patienten mit Schizophrenie besonders eingeschränkt sind. Die Testbatterie sollte außerdem für die wiederholte Messung geeignet sein und Veränderungen durch Behandlungseffekte reliabel abbilden können. Das endgültige Messinstrument beinhaltet nun zehn in einem äußerst aufwändigen Verfahren selektierte Standardtests, die sieben kognitive Domänen abbilden: Verarbeitungsgeschwindigkeit, Aufmerksamkeit/Vigilanz, Arbeitsgedächtnis, verbales Lernen, visuelles Lernen, logisches Denken und Problemlösen sowie Soziale Kognitionen. Die Durchführung aller Tests sollte insgesamt nicht mehr als 65 min in Anspruch

P. Thoma, *Neuropsychologie der Schizophrenie,* essentials,
https://doi.org/10.1007/978-3-658-25736-1_6

nehmen und wird von den Patienten in der Regel gut toleriert. Bei Nuechterlein et al. (2008) können die Details der Entwicklung sowie die Eigenschaften der finalen Testbatterie nachgelesen werden. Die kommerziell erhältliche Version der MCCB ist auch in deutscher Sprache verfügbar (siehe www.matricsing.org).

6.2 Therapie: Kognitive Remediation

Die Behandlung kognitiver Störungen im Rahmen schizophrener Erkrankungen wird häufig unter dem Begriff der kognitiven Remediation geführt, die zum Ziel hat, basierend auf systematischen Verhaltenstrainings, kognitive Prozesse möglichst dauerhaft zu verbessern. Hier wird eine möglichst breite Generalisierung der Trainingseffekte auf Alltagssituationen angestrebt. Dabei wird, wie generell im Rahmen neuropsychologischer Rehabilitation, zwischen restitutiven und kompensatorischen Ansätzen unterschieden. Restitutive Ansätze zielen darauf ab, durch wiederholtes und intensives Training kognitive Funktionen und deren neuronale Grundlagen wiederherzustellen oder zu verbessern. Dieses Prinzip basiert auf Erkenntnissen zur sogenannten Neuronalen Plastizität des Gehirns, die besagen, dass das Gehirn theoretisch die Fähigkeit besitzt, sich selbst lebenslang weiterzuentwickeln und zu reparieren. Kompensatorische Ansätze hingegen machen sich die intakten kognitiven Fähigkeiten und Umweltressourcen des Individuums zunutze, um die Einschränkungen, die durch beeinträchtigte Funktionen entstehen, auszugleichen. Dies kann z. B. den verstärkten Einsatz von Kalendern oder mobilen Apps beinhalten, um beeinträchtigte Gedächtnisleistungen zu kompensieren. Bei den restitutiven Ansätzen kann entweder „bottom-up" oder „top-down" vorgegangen werden. Im ersten Fall werden zunächst basale Funktionen, wie z. B. Aufmerksamkeit intensiv trainiert, um eine solide Grundlage für die Verbesserung von komplexeren Funktionen wie z. B. Problemlösen, zu schaffen. Bei den top-down Ansätzen werden hingegen zunächst komplexe metakognitive Strategien, wie z. B. fehlerfreies Lernen, eingeübt, um basalere neurokognitive Funktionen zu verbessern. Dabei wird verstärkt die Generalisierung des Erlernten auf verschiedene Kontexte angestrebt. Die kognitiven Remediationstherapien können sich des Weiteren im Hinblick darauf unterscheiden, ob nur ein einziger kognitiver Bereich (z. B. Arbeitsgedächtnis) oder eine Reihe von Funktionen behandelt werden. Auch ist es bei manchen dieser Therapien möglich, das Training spezifisch auf die individuellen Schwierigkeiten des Patienten auszurichten. Nachfolgend sollen beispielhaft kurz zwei computergestützte Programme vorgestellt werden, die gerade im deutschen Sprachraum besonders weit verbreitet sind. Dabei handelt es sich um die Trainingspakete Rehacom und

Cogpack. Darüber hinaus soll ein neuer gruppentherapeutischer Ansatz, die Integrierte Neurokognitive Therapie nach Müller und Roder (2013), vorgestellt werden. In Ergänzung zu diesen eher klassischen Ansätzen der kognitiven Remediation wird in Box 1 außerdem das Metakognitive Trainingsprogramm der Hamburger Arbeitsgruppe um Steffen Moritz vorgestellt. Basierend auf den in Abschn. 5.1.1 beschriebenen kognitiven Mechanismen, welche die Genese und Aufrechterhaltung von Wahn begünstigen, ist hiermit eine Therapie entwickelt worden, welche den Patienten metakognitive Strategien vermitteln soll, um ungünstige Denkmuster aufzubrechen.

6.2.1 Rehacom

Bei Rehacom (Hasomed GmbH 2006) handelt es sich um ein Programm, welches in Deutschland am häufigsten im Rahmen der neuropsychologischen Rehabilitation eingesetzt wird. Es ist daher nicht spezifisch auf die Belange von Patienten mit Schizophrenie ausgerichtet, jedoch liegt bereits eine Reihe von Wirksamkeitsnachweisen für diese Störungsgruppe vor. Das Programm definiert kein festgelegtes Trainingsprogramm für die jeweiligen Störungen, sondern der Therapeut ist gehalten, ein an den individuellen Stärken und Schwächen des Patienten ausgerichtetes Training zusammenzustellen. In 20 Trainingsverfahren mit adaptiv ansteigendem Schwierigkeitsgrad werden folgende Bereiche trainiert: Aufmerksamkeit und Konzentration, Gedächtnis, Reaktionsvermögen, Logisches Denken/Handlungsplanung, Räumliches Vorstellungsvermögen, Visuelle Störungen, Visuomotorische Störungen. Die Trainingsverfahren können auch in distinkte thematische Bereiche gruppiert werden, wie z. B. in das Themenfeld der beruflichen Rehabilitation, welches Testverfahren zu Exekutiven Funktionen, Aufmerksamkeit und Gedächtnis beinhaltet. Die Übungen können nicht nur unter direkter Anleitung durch einen Therapeuten, sondern auch zuhause durchgeführt werden. Das Programm ist inzwischen in verschiedenen Sprachen verfügbar.

6.2.2 Cogpack

Das Programm „Cogpack" (Marker 1999) wurde speziell für die kognitive Remediation schizophrener Patienten entwickelt, auch wenn es inzwischen bei einer Reihe von psychiatrischen und neurologischen Patientengruppen eingesetzt wird und auch in anderen Sprachen erhältlich ist. Das Cogpack enthält eine Vielzahl von Aufgaben, aus denen die sogenannte „Olbrich-Serie" mit 70 Unteraufgaben speziell für die Behandlung von Patienten mit Schizophrenie zusammengestellt wurde. Pro Trainingseinheit werden Aufgaben aus den Funktionsbereichen Reaktion, Konzentration, Verarbeitung komplexen Materials, Strategiebildung, Gedächtnis und Logik zusammengestellt, wobei in jeder Einheit nur zwei dieser Funktionsbereiche trainiert werden. Der Schwierigkeitsgrad kann dabei sowohl über verschiedene Schwierigkeitsstufen als auch innerhalb der Serien und Aufgaben einer Stufe ansteigen. Die Aufgabenzusammenstellung beinhaltet drei in der Schwierigkeit ansteigende Stufen, die jeweils sechs Serien mit vier bis sechs Übungen umfassen. Der Trainingsverlauf erfolgt adaptiv, sodass die Darbietung der einzelnen Aufgaben und Schwierigkeitsstufen von der Erreichung bestimmter Leistungskriterien abhängt (detailliert nachzulesen unter Bender et al. 2003). Das Training kann auch im Gruppensetting dargeboten werden, wobei eine Teilnehmerzahl von maximal sechs bis sieben Teilnehmern empfohlen wird.

6.2.3 Integrierte Neurokognitive Therapie (INT)

Die Integrierte Neurokognitive Therapie (INT) nach Roder und Müller (2013) setzt an den von der MATRICS-Initiative (Abschn. 6.1) definierten Problembereichen an und setzt diese in therapeutische Behandlungskonzepte um, die im Rahmen eines kognitiv-verhaltenstherapeutischen Gruppentrainings zur Anwendung gelangen. Dabei sollen sowohl neurokognitive Funktionen (Informationsverarbeitungsgeschwindigkeit, Aufmerksamkeit/Vigilanz, verbales und visuelles Lernen und Gedächtnis, Arbeitsgedächtnis, Denken und Problemlösen) als auch soziokognitive Funktionsbereiche (Emotionswahrnehmung, Soziale Wahrnehmung, Theory of Mind, Soziale Schemata, Soziale Attributionen) verbessert werden. Diese elf kognitiven Funktionsbereiche werden vier Therapiemodulen zugeordnet, deren festgelegte Abfolge eine Zunahme des Schwierigkeitsgrades und der emotionalen Belastung der Therapieinhalte bei gleichzeitig abnehmender Strukturierung durch den Therapeuten beinhaltet. Jedes Modul enthält kognitiv-verhaltenstherapeutische Übungen zu den beiden Bereichen Neurokognition und Soziale Kognition. Neben der Verbesserung der elf von der MATRICS-Initiative genannten Funktionsbereiche sollen in den Sitzungen auch Einsicht, Wissen, Motivation und Selbstwirksamkeitserwartungen gefördert werden. Die Reduktion von Negativsymptomatik und eine Verbesserung des psychosozialen Funktionsniveaus stellen sekundäre Therapieziele dar. Das Programm stützt sich sowohl auf restitutive als auch auf kompensatorische Therapieansätze und integriert computergestützte Übungen aus dem Cogpack (Abschn. 6.2.2), um die neurokognitiven Funktionsbereiche zu trainieren. Daneben werden, insbesondere für das Training der Sozialen Kognitionen u. a. Filme, Arbeitsblätter, Fallvignetten und Informationsblätter als Therapiematerialien eingesetzt und klassische psychoedukative und kognitiv-verhaltenstherapeutische Interventionsstrategien verwendet. Der komplexe Aufbau des Trainings erfordert hinsichtlich der Durchführung auf jeden Fall psychotherapeutische Handlungskompetenzen. Eine erste randomisierte Multicenterstudie zur Effektivität des Trainings konnte signifikante Verbesserungen in den trainierten Bereichen sowie hinsichtlich der sekundären Therapieziele nachweisen.

6.2.4 Wirkungsweise kognitiver Remediation und Bewertung

Neue Übersichtsarbeiten (Barlati et al. 2013; Vita et al. 2014) zum Einsatz kognitiver Remediationstherapien in der Behandlung schizophrener Patienten kommen zu dem Schluss, dass diese tatsächlich effektiv kognitive und psychosoziale Funktionen verbessern können. Dieser Effekt sei besonders für schwer und chronisch erkrankte Patienten relevant. Eine Verringerung der psychotischen Psychopathologie an sich sei nicht immer zu erwarten und sei am ehesten indirekt herbeiführbar. Dies kann z. B. dadurch erfolgen, dass sich verbesserte Leistungen in einzelnen Funktionsbereichen, wie z. B. der kognitiven Flexibilität, indirekt positiv auf bestimmte Symptombereiche, wie z. B. rigides Wahndenken, auswirken. Außerdem ist zu beachten, dass Patienten nur dann besser in ihrem Lebensalltag zurechtkommen, wenn die kognitive Remediation in umfassende Rehabilitationsprogramme eingebettet ist. Diese sollten die auf das Training kognitiver Funktionen abzielenden Bausteine der kognitiven Remediation für Maßnahmen der beruflichen Wiedereingliederung nutzen. Kritisch ist anzumerken, dass gerade die computergestützten Therapieprogramme in Kliniken häufig nicht von einschlägig ausgebildetem Fachpersonal eingesetzt werden, sondern z. B. vom Pflegepersonal oder Ergotherapeuten durchgeführt werden und daher das Potential der Trainingseffekte möglicherweise häufig nicht ausreichend ausgeschöpft wird.

Klinische Erfahrungen der Anwender kognitiver Trainingsprogramme sowie auch entsprechende wissenschaftliche Untersuchungen zeigen, dass bei schizophrenen Patienten bei konsequentem Training tatsächlich Steigerungen der Testleistungen in den einzelnen Aufgaben erreicht werden und die Trainings häufig gut von den Patienten akzeptiert und toleriert werden. Allerdings erweist sich die Generalisierbarkeit der Erfolge auf Alltagsfunktionen als problematisch, da nicht immer überzeugend nachgewiesen werden konnte, dass die Leistungsverbesserungen auch im Rahmen von alltäglichen Leistungen nachweisbar werden. Ein kognitiver, aber doch direkt auf die gezielte Verbesserung bestimmter Symptombereiche ausgerichteter Ansatz, das sogenannte Metakognitive Training, wird in der gleichnamigen Box vorgestellt.

METAKOGNITIVES TRAINING (vgl. Moritz et al. 2014)
KONZEPT

- Das Metakognitive Training (MKT) für Schizophrenie setzt an den beschriebenen kognitiven Verzerrungen und Beeinträchtigungen an, die maßgeblich zur Wahnbildung beitragen. Hauptziel besteht darin, Zweifel zu säen und festgefahrene Interpretationen zu hinterfragen.
- Das MKT stellt eine Mischung aus Psychoedukation sowie Ansätzen der Kognitiven Verhaltenstherapie und der Kognitiven Remediation dar.
- Es enthält acht Module in zwei Parallelversionen, die in Form von Übungen anhand einer Power Point Präsentation mit den Patienten in der Einzeltherapie (MKT+) oder in der Gruppe bearbeitet werden können.
- Es ist kostenlos zum Download unter www.uke.de/mkt erhältlich. Das Gruppentraining wurde mittlerweile in 33 Sprachen, das Individualprogramm in 7 Sprachen übersetzt.
- Jedes Modul beinhaltet zahlreiche Übungen, aus denen der Therapeut die für den Patienten/die Gruppe geeigneten und hilfreichen Aufgaben individuell zusammenstellen kann.
- „Hausaufgaben“ mit weiteren Übungen bilden einen weiteren Baustein.
- Die Patienten erhalten Karten mit „metakognitiven Instruktionen“, die sie stets mit sich führen sollen. Diese Karten beinhalten Anweisungen, mithilfe derer die Patienten ihre Interpretation von Situationen hinterfragen können, in denen sie sich bedroht fühlen.

MODULE
Attribution: Lernziel ist die Berücksichtigung unterschiedlicher Erklärungen (Selbst, Andere, Umstände) für positive und negative Ereignisse. Die negativen und positiven Konsequenzen selbstwertdienlicher Attributionen werden verdeutlicht.

Voreiliges Schlussfolgern I: Die negativen Konsequenzen voreiligen Schlussfolgerns werden behandelt.

Veränderungen von Überzeugungen: Die Berücksichtigung von Gegenargumenten und alternativen Ansichten soll vermittelt werden. Auch soll dafür sensibilisiert werden, genügend Informationen einzuholen, bevor Überzeugungen verändert werden.

Empathie I: Es soll herausgestellt werden, dass Gesichtsausdrücke in sozialen Situationen zuweilen irreführend sind und dass zusätzliche Informationen berücksichtigt werden müssen, um zu validen Interpretationen zu gelangen.

Gedächtnis: Lernziel ist die Verdeutlichung der „konstruktiven Natur" von Gedächtnisleistungen. Auch soll das Vertrauen in die Richtigkeit eigener Erinnerungen an das Vorhandensein von sicheren Anhaltspunkten geknüpft werden.

Empathie II: In diesem Modul wird vermittelt, dass es häufig keine eindeutigen Interpretationen für soziale Situationen gibt und wiederum eine Vielzahl an Informationen für die Entscheidungsfindung herangezogen werden sollte.

Voreiliges Schlussfolgern II: Die Nachteile übereilter Entscheidungen werden herausgestellt.

Stimmung und Selbstwertgefühl: Hier werden allgemeine Strategien zur Stimmungsaufhellung und zur Anhebung des Selbstwertgefühls vermittelt, die auch im Rahmen anderer Störungsgruppen (z. B. Depression) sinnvoll anwendbar sind.

EVALUATION

- Das MKT zeigt eine gute Akzeptanz auf Patientenseite, was eine wichtige Voraussetzung für die Behandlungscompliance darstellt.
- Die Wahnsymptomatik sowie die Neigung zum voreiligen Schlussfolgern kann durch das Programm nachweislich reduziert werden, mit zum Teil mittleren bis hohen Effektstärken.

Zwischenfazit

Im Rahmen von kognitiven Remediationstherapien der Schizophrenie werden zumeist computergestützte Trainings zur Verbesserung klassischer neuropsychologischer Funktionsbereiche eingesetzt, mit unklaren Generalisierungseffekten auf Alltagsfunktionen und die Psychopathologie. Die Integrierte Neurokognitive Therapie nimmt dagegen auch soziokognitive Funktionen in ihren Blickpunkt. Das Metakognitive Training zielt hauptsächlich auf die metakognitive Veränderung von Denkstilen ab, die für die Entwicklung und Aufrechterhaltung von Wahn prädisponieren.

7 Zusammenfassung

Bei der Schizophrenie handelt es sich um eine entwicklungsneurobiologisch determinierte Erkrankung, die auf neuronaler Ebene insbesondere mit strukturellen und funktionellen Veränderungen frontotemporaler und frontosubkortikaler Schaltkreisen einhergeht. Diese sind zum Teil auf distinkte Weise mit der heterogenen Symptomatik verbunden: Negativsymptomatik reflektiert dabei v. a. Auffälligkeiten in Hirnregionen, die mit der exekutiven Handlungssteuerung, der antizipatorischen Verarbeitung belohnender Erfahrungen sowie mit Sozialen Kognitionen in Verbindung gebracht wurden. Die Ausbildung von Wahn wird hauptsächlich durch eine unzureichende Verarbeitung von Kontextinformationen und voreiliges Schlussfolgern begünstigt, beides vor dem Hintergrund einer gestörten Kommunikation zwischen Frontal- und Temporallappen. Auditiv-verbale Halluzinationen und Ich-Störungen werden gegenwärtig hauptsächlich durch eine gestörte Vorhersage intendierter (sprachlicher) Handlungen erklärt, einhergehend mit Auffälligkeiten in frontoparietalen Arealen. Allgemein treten kognitive Störungen häufig schon lange vor Erkrankungsbeginn auf und bleiben nach den typischen Leistungseinbrüchen kurz vor Ausbruch der Psychose und nach dem 65. Lebensjahr relativ stabil. Die Behandlung der kognitiven Auffälligkeiten mit verschiedenen Ansätzen der kognitiven Remediation, der Integrierten Neurokognitiven Therapie und des Metakognitiven Trainings erweist sich in verschiedener Hinsicht als erfolgsversprechend.

P. Thoma, *Neuropsychologie der Schizophrenie,* essentials,
https://doi.org/10.1007/978-3-658-25736-1_7

Was Sie aus diesem *essential* mitnehmen können

- Bei der Schizophrenie handelt es sich um eine entwicklungsneurobiologische Erkrankung.
- Kognitive Veränderungen bestehen häufig bereits vor dem manifesten Ausbruch der Erkrankung und gelten gemeinsam mit den neuronalen Veränderungen auch bei gesunden Angehörigen von an Schizophrenie erkrankten Patienten als Vulnerabilitätsmarker.
- Neuronale Veränderungen in Zusammenhang mit der Schizophrenie betreffen v.a. die frontalen, temporalen und parietalen Anteile des Gehirns sowie deren Kommunikation untereinander und mit subkortikalen Strukturen.
- Negativsymptomatik, Wahn, Halluzination und Ich-Störungen gehen mit strukturellen und funktionellen Veränderungen in diesen Hirngebieten einher und treten auf kognitiver Ebene auf Basis exekutiver Dysfunktionen, gestörter Kontextverarbeitung und gestörter Vorhersage intendierter Bewegungen auf.

P. Thoma, *Neuropsychologie der Schizophrenie,* essentials,
https://doi.org/10.1007/978-3-658-25736-1

Literatur

Abel, K. M., Drake, R., & Goldstein, J. M. (2010). Sex differences in schizophrenia. *International Reviews of Psychiatry, 22,* 417–428.

Agius, M., Hockings, H., Wilson, C., & Lane, D. (2009). Is oestrogen neuroprotective? *Psychiatria Danubina, 21*(1), 120–127.

Barch, D. M., & Ceaser, A. (2012). Cognition in schizophrenia: core psychological and neural mechanisms. *Trends in Cognitive Sciences, 16,* 27–34.

Barlati, S., Deste, G., De, P. L., Ariu, C., & Vita, A. (2013). Cognitive remediation in schizophrenia: current status and future perspectives. *Schizophr Res Treatment.* https://doi.org/10.1155/2013/156084.

Behrendt, R. P. (2004). A neuroanatomical model of passivity phenomena. *Consciousness and Cognition, 13,* 579–609.

Bender, S., Thienel, L., & Dittmann-Balcar, A. (2003). Kognitives Training per Computer. *Der Neurologe und Psychiater, 1–2,* 49–51.

Bentall, R. (2006). Madness explained: why we must reject the Kraepelinian paradigm and replace it with a 'complaint-orientated' approach to understanding mental illness. *Medical Hypotheses, 66,* 220–233.

Bentall, R. P. (1990). The illusion of reality: a review and integration of psychological research on hallucinations. *Psychological Bulletin, 107,* 82–95.

Bentall, R. P., Rowse, G., Kinderman, P., Blackwood, N., Howard, R., Moore, R., Cummins, S., & Corcoran, R. (2008). Paranoid delusions in schizophrenia spectrum disorders and depression: the transdiagnostic role of expectations of negative events and negative self-esteem. *The Journal of Nervous and Mental Disease, 196,* 375–383.

Blakemore, S. J., Oakley, D. A., & Frith, C. D. (2003). Delusions of alien control in the normal brain. *Neuropsychologia, 41,* 1058–1067.

Blakemore, S. J., Sarfati, Y., Bazin, N., & Decety, J. (2003). The detection of intentional contingencies in simple animations in patients with delusions of persecution. *Psychological Medicine, 33,* 1433–1441.

Blanchard, J. J., Brown, S. A., Horan, W. P., & Sherwood, A. R. (2000). Substance use disorders in schizophrenia: review, integration, and a proposed model. *Clinical Psychology Review, 20,* 207–234.

P. Thoma, *Neuropsychologie der Schizophrenie,* essentials,
https://doi.org/10.1007/978-3-658-25736-1

Bora, E., & Pantelis, C. (2013). Theory of mind impairments in first-episode psychosis, individuals at ultra-high risk for psychosis and in first-degree relatives of schizophrenia: systematic review and meta-analysis. *Schizophrenia Research, 144,* 31–36.

Chambers, R. A., Krystal, J. H., & Self, D. W. (2001). A neurobiological basis for substance abuse comorbidity in schizophrenia. *Biological Psychiatry, 50,* 71–83.

Chambon, V., Sidarus, N., & Haggard, P. (2014). From action intentions to action effects: how does the sense of agency come about? *Front Human Neuroscience, 8,* 320.

Cho, R., & Wu, W. (2013). Mechanisms of auditory verbal hallucination in schizophrenia. *Front Psychiatry, 4,* 155.

Chong, S. A. (2008). Inclusion of cognitive impairment in the DSM diagnosis of schizophrenia: if not now, when? *World Psychiatry, 7,* 37–38.

Cotter, J., Drake, R. J., Bucci, S., Firth, J., Edge, D., & Yung, A. R. (2014). What drives poor functioning in the at-risk mental state? A systematic review. *Schizophrenia Research, 159,* 267–277.

Debruille, J. B., Kumar, N., Saheb, D., Chintoh, A., Gharghi, D., Lionnet, C., & King, S. (2007). Delusions and processing of discrepant information: an event-related brain potential study. *Schizophrenia Research, 89,* 261–277.

Dickinson, D., Ragland, J. D., Gold, J. M., & Gur, R. C. (2008). General and specific cognitive deficits in schizophrenia: Goliath defeats David? *Biological Psychiatry, 64,* 823–827.

Fowles, D. C. (1992). Schizophrenia: diathesis-stress revisited. *Annual Review of Psychology, 43,* 303–336.

Freeman, D., & Garety, P. (2014). Advances in understanding and treating persecutory delusions: a review. *Social Psychiatry and Psychiatric Epidemiology, 49,* 1179–1189.

Frith, C. D. (1992). *The Cognitive Neuropsychology of Schizophrenia.* Hove: Lawrence Erlbaum.

Frith, C. D., Blakemore, S. J., & Wolpert, D. M. (2000). Abnormalities in the awareness and control of action. *Philosophical Transactions of the Royal Society of London. Series B, Biological Sciences, 355,* 1771–1788.

Guo, S., Kendrick, K. M., Yu, R., Wang, H. L., & Feng, J. (2014). Key functional circuitry altered in schizophrenia involves parietal regions associated with sense of self. *Human Brain Mapping, 35,* 123–139.

Harvey, P. D. (2011). Mood symptoms, cognition, and everyday functioning: in major depression, bipolar disorder, and schizophrenia. *Innovations in Clinical Neuroscience, 8,* 14–18.

Harvey, P. D. (2014). What is the evidence for changes in cognition and functioning over the lifespan in patients with schizophrenia? *The Journal of Clinical Psychiatry, 75*(2), 34–38.

Hasomed GmbH. (2006). *RehaCom – computergestützte kognitive Rehabilitation.* Magdeburg: Hasomed.

Horga, G., Schatz, K. C., Abi-Dargham, A., & Peterson, B. S. (2014). Deficits in predictive coding underlie hallucinations in schizophrenia. *Journal of Neuroscience, 34,* 8072–8082.

Hugdahl, K., & Sommer, I. E. (2018). Auditory Verbal Hallucinations in Schizophrenia From a Levels of Explanation Perspective. *Schizophrenia Bulletin, 44*(2), 234–241.

Kelly, S., Guimond, S., Lyall, A., Stone, W. S., Shenton, M. E., Keshavan, M., & Seidman, L. J. (2018). Neural correlates of cognitive deficits across developmental phases of schizophrenia. *Neurobiology of Disease.* https://doi.org/10.1016/j.nbd.2018.12.013.

Khantzian, E. J. (1997). The self-medication hypothesis of substance use disorders: a reconsideration and recent applications. *Harvard Review of Psychiatry, 4,* 231–244.

Lopez-Ibor, J. J., Lopez-Ibor, M. I., Mendez, M. A., Moron, M. D., Ortiz-Teran, L., Fernandez, A., Diaz-Marsa, M., & Ortiz, T. (2008). The perception of emotion-free faces in schizophrenia: a magneto-encephalography study. *Schizophrenia Research, 98,* 278–286.

Manning, V., Wanigaratne, S., Best, D., Strathdee, G., Schrover, I., & Gossop, M. (2007). Screening for cognitive functioning in psychiatric outpatients with schizophrenia, alcohol dependence, and dual diagnosis. *Schizophrenia Research, 91,* 151–158.

Marker, K. (1999). *Cogpack (Cognition I).* Ladenburg: Marker Software.

Mier, D., Sauer, C., Lis, S., Esslinger, C., Wilhelm, J., Gallhofer, B., & Kirsch, P. (2010). Neuronal correlates of affective theory of mind in schizophrenia out-patients: evidence for a baseline deficit. *Psychological Medicine, 40,* 1607–1617.

Millan, M. J., Fone, K., Steckler, T., & Horan, W. P. (2014). Negative symptoms of schizophrenia: clinical characteristics, pathophysiological substrates, experimental models and prospects for improved treatment. *European Neuropsychopharmacology, 24,* 645–692.

Moritz, S., Andreou, C., Schneider, B. C., Wittekind, C. E., Menon, M., Balzan, R. P., & Woodward, T. S. (2014). Sowing the seeds of doubt: a narrative review on metacognitive training in schizophrenia. *Clinical Psychology Review, 34,* 358–366.

Moritz, S., & Woodward, T. S. (2006). Metacognitive control over false memories: a key determinant of delusional thinking. *Current Psychiatry Reports, 8,* 184–190.

Mueser, K. T., Drake, R. E., & Wallach, M. A. (1998). Dual diagnosis: a review of etiological theories. *Addictive Behaviors, 23,* 717–734.

Murray, R. M., & Lewis, S. W. (1987). Is schizophrenia a neurodevelopmental disorder? *British Medical Journal (Clinical Research Ed.), 295,* 681–682.

Nuechterlein, K. H., Green, M. F., Kern, R. S., Baade, L. E., Barch, D. M., Cohen, J. D., Essock, S., Fenton, W. S., Frese, F. J., III, Gold, J. M., Goldberg, T., Heaton, R. K., Keefe, R. S., Kraemer, H., Mesholam-Gately, R., Seidman, L. J., Stover, E., Weinberger, D. R., Young, A. S., Zalcman, S., & Marder, S. R. (2008). The MATRICS Consensus Cognitive Battery, part 1: test selection, reliability, and validity. *The American Journal of Psychiatry, 165,* 203–213.

Ochoa, S., Haro, J. M., Huerta-Ramos, E., Cuevas-Esteban, J., Stephan-Otto, C., Usall, J., Nieto, L., & Brebion, G. (2014). Relation between jumping to conclusions and cognitive functioning in people with schizophrenia in contrast with healthy participants. *Schizophrenia Research, 159,* 211–217.

Pankow, A., Knobel, A., Voss, M., & Heinz, A. (2012). Neurobiological correlates of delusion: beyond the salience attribution hypothesis. *Neuropsychobiology, 66,* 33–43.

Piper, M., Beneyto, M., Burne, T. H., Eyles, D. W., Lewis, D. A., & McGrath, J. J. (2012). The neurodevelopmental hypothesis of schizophrenia: convergent clues from epidemiology and neuropathology. *The Psychiatric Clinics of North America, 35,* 571–584.

Rajji, T. K., Miranda, D., & Mulsant, B. H. (2014). Cognition, function, and disability in patients with schizophrenia: a review of longitudinal studies. *Canadian Journal of Psychiatry, 59,* 13–17.

Roder, V., & Müller, D. R. (2013). *Integrierte Neurokognitive Therapie bei schizophren Erkrankten.* Berlin: Springer.

Thoma, P., & Daum, I. (2008). Context processing and multitasking in schizophrenia with and without comorbid substance use disorder. *Addiction, 103,* 774–786.

Thoma, P., & Daum, I. (2008). Working memory and multi-tasking in paranoid schizophrenia with and without comorbid substance use disorder. *Addiction, 103,* 774–786.

Thoma, P., & Daum, I. (2013). Comorbid substance use disorder in schizophrenia: a selective overview of neurobiological and cognitive underpinnings. *Psychiatry and Clinical Neurosciences, 67,* 367–383.

Thoma, P., Wiebel, B., & Daum, I. (2007). Response inhibition and cognitive flexibility in schizophrenia with and without comorbid substance use disorder. *Schizophrenia Research, 92,* 168–180.

Thoresen, C., Endestad, T., Sigvartsen, N. P., Server, A., Bolstad, I., Johansson, M., Andreassen, O. A., & Jensen, J. (2014). Frontotemporal hypoactivity during a reality monitoring paradigm is associated with delusions in patients with schizophrenia spectrum disorders. *Cognitive Neuropsychiatry, 19,* 97–115.

Vita, A., Barlati, S., Bellani, M., & Brambilla, P. (2014). Cognitive remediation in schizophrenia: background, techniques, evidence of efficacy and perspectives. *Epidemiology and Psychiatric Sciences, 23,* 21–25.

Waters, F., Allen, P., Aleman, A., Fernyhough, C., Woodward, T. S., Badcock, J. C., Barkus, E., Johns, L., Varese, F., Menon, M., Vercammen, A., & Laroi, F. (2012). Auditory hallucinations in schizophrenia and nonschizophrenia populations: a review and integrated model of cognitive mechanisms. *Schizophrenia Bulletin, 38,* 683–693.

Weinberger, D. R. (1987). Implications of normal brain development for the pathogenesis of schizophrenia. *Archives of General Psychiatry, 44,* 660–669.

Wittchen, H. U., Jacobi, F., Rehm, J., Gustavsson, A., Svensson, M., Jonsson, B., Olesen, J., Allgulander, C., Alonso, J., Faravelli, C., Fratiglioni, L., Jennum, P., Lieb, R., Maercker, A., van OS, J., Preisig, M., Salvador-Carulla, L., Simon, R., & Steinhausen, H. C. (2011). The size and burden of mental disorders and other disorders of the brain in Europe 2010. *European Neuropsychopharmacology, 21,* 655–679.

Weiterführende Literatur

Exner, C., & Lincoln, T. (2012). *Neuropsychologie schizophrener Störungen (Fortschritte der Neuropsychologie).* Göttingen: Hogrefe.

Kircher, T., & Gauggel, S. (2008). *Neuropsychologie der Schizophrenie: Symptome, Kognition, Gehirn.* Heidelberg: Springer.

Lautenbacher, S., & Gauggel, S. (2010). *Neuropsychologie psychischer Störungen.* Heidelberg: Springer.